Schriften des Vereins für Sozialpolitik.

Untersuchungen über Preisbildung.
Abteilung A: Preisbildung für agrarische Erzeugnisse.
Herausgegeben von M. Sering.

141. Band.
Die Exportgebiete der extensiven Landwirtschaft.

Erster Teil.
Die landwirtschaftlichen Produktionsverhältnisse Argentiniens.

Verlag von Duncker & Humblot.
München und Leipzig 1913.

Die landwirtschaftlichen Produktionsverhältnisse Argentiniens.

Von

Dr. E. Pfannenschmidt
in Buenos Aires.

Verlag von Duncker & Humblot.
München und Leipzig 1913.

Alle Rechte vorbehalten.

Inhaltsverzeichnis.

                                                                 Seite

Die landwirtschaftlichen Produktionsverhältnisse Argentiniens. Von
    Dr. E. Pfannenschmidt in Buenos Aires . . . . . . 1—89

Die landwirtschaftlichen Produktionsverhältnisse Argentiniens.

Von

Dr. E. Pfannenschmidt
in Buenos Aires.

Die landwirtschaftlichen Produktionsverhältnisse Argentiniens.

Argentinien hat einen Flächenraum von 2,8 Mill. qkm. Es ist also mehr als fünfmal so groß wie Deutschland. Es erstreckt sich vom 21,5. bis zum 54,52. Grad südlicher Breite und vom 52. bis 74. Grad westlicher Länge von Greenwich. Bei dieser gewaltigen Flächenausdehnung und der Dreiecksgestaltung Argentiniens ist es natürlich, daß sich große Verschiedenheiten in bezug auf Klima und Vegetationsverhältnisse geltend machen, um so mehr, als Argentinien im Westen durch die hohe Gebirgskette der Kordilleren gegen das Meer abgeschlossen ist, während der Osten sich in eine weite Ebene abflacht, die sich an der Küste nur wenige Meter über das Meer erhebt und nur an vereinzelten Stellen von niedrigen Gebirgszügen durchbrochen wird. Die Folge ist, daß im Osten die Feuchtigkeit bringenden Seewinde ungehindert in das Land eindringen können und daher die Niederschläge dort weit stärker sind, als im Westen. Während die Provinzen Entre Rios und Corrientes eine durchschnittliche jährliche Regenmenge von etwa 1000 mm, die eigentlichen Ackerbauprovinzen Buenos Aires, Santa Fé und Cordoba von 600—900 mm haben, kann die Pampa Central nur mit 500 mm, das Rio Negrogebiet mit noch geringeren Regenmengen rechnen. In der Nähe der Kordilleren kondensiert sich die Luftfeuchtigkeit, so daß der äußerste Westen hohe Niederschlagsmengen, die oft mehr als 1200 mm betragen, aufweist. Die große, gewöhnlich als „Pampa" bezeichnete Ebene, die die Provinzen Buenos Aires, Santa Fé, Cordoba und die benachbarten Gebiete umschließt, ist nicht nur, wie erwähnt, zum größten Teile eben, sondern auch baumlos, so daß die feuchten Seewinde nur wenig aufgehalten werden und ein erheblicher Teil der Feuchtigkeit nach den nördlichen Gebieten des Landes, den Provinzen Tucuman, dem Norden von Santa Fé, dem Chacogebiet und Formosa, welche reich bewaldet sind, geführt wird, wo sich Niederschläge in größeren Mengen als in den südlicheren Provinzen ansammeln, so daß dort mit durchschnittlichen Regenmengen von 1000, in Paraguay und Formosa sogar mit 1400 und mehr Millimeter jährlich gerechnet werden kann. Der Baummangel in dem zentralen Produktionsgebiete, der Pampa, dem wichtigsten für Ackerbau und Viehzucht, ist für die klimatischen Verhältnisse des Landes recht verhängnisvoll, da außerordentliche Klimaschwankungen häufig vorkommen, welche Dürre und unzeitgemäßen Regen, enorme Hitze, Frost und Hagel oftmals auftreten lassen, wodurch die landwirtschaftliche Produktion der Viehzucht und des Ackerbaues schon oft empfindlichen Schaden erlitten hat und namentlich die letztere auf recht unsichere Grundlage gestellt wird.

Bei der Beurteilung der landwirtschaftlichen Produktionsverhältnisse darf also nicht außer acht gelassen werden, daß Argentinien sich über 33 Breiten- und 22 Längengrade erstreckt, wodurch eine große Mannigfaltigkeit der landwirtschaftlichen Kulturen gegeben ist. Der in die tropische Zone hineinreichende Norden ermöglicht den Anbau des Zuckerrohrs, südländischer Früchte, vermutlich auch die Kultur von Baumwolle und Reis. Weinbau wird in den höher gelegenen Gegenden des zentralen Westens, den Provinzen Mendoza und San Juan mit gutem Erfolge getrieben, die weite Pampa bietet dem Getreidebau und ähnlichen Kulturen der gemäßigten Zone und der intensiveren Viehzucht günstige natürliche Bedingungen, während das große patagonische Gebiet, einschließlich der Territorien Rio Negro und Neuquen einstweilen die aus den Ackerbaugegenden verdrängten Schafe aufnehmen muß, wo sie in extensiver Betriebsweise gehalten werden.

Vermöge seiner ausgezeichneten natürlichen Verhältnisse birgt Argentinien immer noch große Werte, welche lediglich der schaffenden Hand des Menschen harren, um erschlossen zu werden, wobei die mineralischen Schätze an dieser Stelle außer Betracht bleiben müssen, denn in der Gegenwart beruht der Reichtum Argentiniens fast ausschließlich auf der landwirtschaftlichen Produktion, welche in einem milden Klima und vorwiegend fruchtbaren Böden die erforderlichen Vorbedingungen findet. Der Nährstoffreichtum der argentinischen Böden ist neuerdings durch mehrere tausend Analysen aus den verschiedensten Landesteilen nachgewiesen worden, deren Ergebnis zum Teil im III. Bande des Censo agropecuario von 1908 veröffentlicht wurde. Im einzelnen auf diese wertvolle Arbeit einzugehen, würde an dieser Stelle zu weit führen. Besonders zeichnen sich die argentinischen Böden durch einen hohen Gehalt an Kali und Stickstoff aus und ersterer pflegt sogar ungewöhnlich hoch zu sein, da er in der Mehrzahl der Analysen nicht unter 0,4—0,5 Proz. liegt, oftmals aber auf 0,9—1,0 Proz. ansteigt. Dabei ist der Untergrund vielfach noch kalireicher, als die Ackerbaukrume. Wenn auch der Phosphorsäuregehalt der Böden nur vereinzelt die Höhe des Kaligehaltes erreicht, so ist bei den derzeitigen Ansprüchen der Bodenkultur größtenteils mit hinreichenden Mengen, vielfach sogar mit einem Überfluß an Phosphorsäure in der Ackerkrume und im Untergrund zu rechnen.

Im Vergleich mit den eben genannten Nährstoffen ist der Kalkgehalt der Böden in der Mehrzahl der Analysen gering, da er nur vereinzelt mehr als 0,7 Proz. beträgt und die Menge des löslichen Kalkes, soweit sie festgestellt wurde, meistens weit niedriger ist, als der Gesamtgehalt. Dieser Mangel wird seine Wirkung auf das Pflanzenwachstum um so weniger verfehlen, als der Kalk bekanntlich nur als Pflanzennährstoff, sondern auch als Bodenverbesserer von größter Bedeutung ist. Späterer Zeit wird es vermutlich vorbehalten bleiben, aus den reichen Kalklagern, die sich an verschiedenen Stellen der Ackerbauzone befinden, eine Ergänzung stattfinden zu lassen, um die Produktivität der Böden und die Sicherheit der Erträge wahrscheinlich nicht unwesentlich zu erhöhen. Dieser Ansicht pflichtet Paul Lavenir, der Verfasser obengenannter Arbeit im Zensuswerke gewissermaßen bei, indem er sagt, daß der Boden an vielen Stellen fein, so fein sei, daß der Luft= und Feuchtigkeitszutritt, vielfach als Folge des Kalkmangels erschwert wird und der Boden an der Oberfläche stark zusammentrocknet, indem er eine Art Zementschicht (colloidal clay) bildet. Diese bereitet dem Eindringen der Ackergeräte große Schwierigkeiten. Hauptsächlich trifft diese Erscheinung für die Böden des Südens der Provinz Santa Fé und des Ostens der Provinz Buenos Aires zu, die sich wegen ihrer Fruchtbarkeit ausgezeichnet für den Mais= und Leinbau, weniger für Weizenbau eignen, da der Weizen in feuchten Jahren zu stark ins Stroh zu wachsen und zu geringe Körnererträge zu geben pflegt. Nach Westen zu läßt der Feingehalt und damit die Bindigkeit der Böden mehr und mehr nach, so daß in der Pampa Central und in der Provinz San Luis lediglich Sandböden angetroffen werden. Indessen ist der Nährstoffgehalt der leichteren Böden im großen ganzen nicht erheblich geringer, als derjenige der vorgenannten bindigen Böden, so daß erstere ebenfalls produktiv sein können, sobald das Feuchtigkeitsbedürfnis der Pflanzen hinreichend befriedigt wird.

Übrigens hat die Fruchtbarkeit selbst der besten Böden Argentiniens ihre Grenzen. Wenn Professor Kärger in seinem Berichte über den Ackerbau in Santa Fé sagt, „daß selbst in den ältesten Kolonien wie in Esperanza, die Felder trotz 40 jährigen ununterbrochenen Weizenbaues noch immer die gleiche Fruchtbarkeit zeigen, wie im Anfang ihrer Kultivierung", so haben sich in den letzten Jahren die Folgen dieses einseitigen Raubbaues doch so geltend gemacht, daß die dortigen Kolonisten sich genötigt sahen, zu einem gemischten Systeme von Ackerbau und Viehzucht überzugehen, in welchem die letztere, besonders infolge des Gedeihens der Luzernepflanze (Alfalfa) die wichtigste Erwerbsquelle bildet. Auch an anderen Stellen der Provinz Santa Fé, beispielsweise in Villa Cañas und dessen Umgebung mußten die Leute den Weizenbau aufgeben, da der Boden weizenmüde geworden war. Sie sind vorübergehend zum Maisbau übergegangen, von dem sie in günstigen Jahren recht gute Erträge erzielen, und können nach Verlauf einiger Jahre den Weizenbau wieder aufnehmen.

Eine viel zu geringe Beachtung haben meines Erachtens die **Bodentemperaturen** in Argentinien gefunden. Der Censo agropecuario von 1908 macht zwar interessante Angaben über Messungen von Temperaturen in Tiefen von 0,10—3,75 m an verschiedenen Beobachtungsorten, enthält sich jedoch der Schlußfolgerungen. Ohne auf die Einzelheiten der Beobachtungen an dieser Stelle näher einzugehen, sei darauf verwiesen, daß ein Vergleich mit den Aufzeichnungen der deutschen Versuchswirtschaften Lauchstädt und Dikopshof bei Bonn lehrt, daß die Bodentemperaturen in Argentinien im Sommer, namentlich aber auch im Winter erheblich höher sind, als in Deutschland, denn im Winter sank die Bodentemperatur in Dikopshof auf — 0,6 bis 4,9 Grad bei zunehmender Tiefe, wogegen die Bodentemperaturen im kältesten Monat in Argentinien zwischen 7,4 und 15,4 Grad bei entsprechenden Tiefen lagen. Diese Eigenschaft der argentinischen Böden kann ihre Wirkung auf das Wachstum und die Produktivität der Pflanzen nicht verfehlen, da selbst während der Winterzeit der Boden andauernd so stark durchwärmt ist, daß unter sonst günstigen Vorbedingungen, sofern also genügend Feuchtigkeit durch Niederschläge oder durch Berieselung den Böden zugeführt wird, das Pflanzenwachstum niemals ins Stocken gerät, wie es in Deutschland zur Winterzeit der Fall ist. Tatsächlich hat die Erfahrung gelehrt, daß viele Pflanzen wie Hafer, Roggen, Gerste und andere, welche unter der oberirdischen Wirkung zeitweiligen geringen Frostes nicht leiden, auch während der Winterzeit große Massen wertvollen Futters erzeugen. Die hohen sommerlichen Bodentemperaturen, gemeinsam mit der starken Sonnenbestrahlung mögen dagegen die Veranlassung für das starke **Austrocknen** der Böden sein, wodurch in trockenen Jahren die geringen Erträge des Ackerbaues, wie auch das Eingehen der zarten oberirdischen Gräser erklärlich wird. Der Landwirt hätte also um so mehr Veranlassung, einer besseren Bodenbearbeitung durch allmähliche Vertiefung der Ackerkrume weit größere Beachtung zu schenken, als es bisher geschieht, denn nur dadurch wäre die Sicherung und dauernde Erhöhung der Erträge möglich.

Wenn die Bodenbearbeitung, wie überhaupt die Technik des Ackerbaues noch immer auf sehr niedriger Stufe steht, so ist die Veranlassung neben anderen Faktoren in dem **Mangel an Arbeitskräften** zu sehen. Die Bevölkerung Argentiniens steht in keinem angemessenen Verhältnis zu der Größe des Landes. Sie umfaßte im Jahre 1869 1,2, im Jahre 1895 4,0 Millionen und ist bis zum Jahre 1909 auf etwa 6,8 Millionen angewachsen. Von letzterer Ziffer entfallen etwa 1,3 Millionen auf die Bundeshauptstadt **Buenos Aires**, so daß diese fast ein Fünftel der Bevölkerung des ganzen Landes aufnimmt und eine Unmenge arbeitslosen Proletariats beherbergt, während das flache Land noch immer sehr dünn bevölkert ist und daher die Landwirtschaft die Arbeitskräfte zu gewissen Zeiten recht hoch entlohnen muß, um sich ihrer zu versichern. Die Bevölkerungsdichtigkeit veranschaulicht sich am deutlichsten durch einen Vergleich mit anderen Ländern, zu welchem die Vereinigten Staaten von Nordamerika und Deutschland geeignet sind. Bei flüchtiger Betrachtung erscheint die Bevölkerungszunahme Argentiniens nicht unerheblich, da sie von 1,2 Millionen im Jahre 1869 auf 6,8 Millionen, also um 5,6 Millionen gestiegen ist. Bei einem Vergleich mit den Vereinigten Staaten von Nordamerika schwächt sich dieser Eindruck jedoch bedeutend ab, da in letzterem Lande in fast dem gleichen Zeitraume, in den Jahren 1870 bis 1910 die Bevölkerung von 38,6 Millionen auf 97 Millionen angewachsen ist. Auch auf die Einheitsfläche berechnet ist die Dichtigkeit der Bevölkerung ungewöhnlich gering, denn es kamen nach der letzten Zählung nur 2,2 Einwohner auf den Quadratkilometer, während die Vereinigten Staaten bereits 8,1 auf den Quadratkilometer zählen. Europäischen Ländern gegenüber ist die Bevölkerungsdichtigkeit verschwindend gering, da in Deutschland gegenwärtig 120 Bewohner auf den Quadratkilometer entfallen und selbst das rein agrarische Mecklenburg-Strelitz 35 Bewohner auf den Quadratkilometer hat. Die am dichtesten bevölkerte, ausgedehnten Zuckerrohrbau treibende Provinz Tucuman hat nur 12,7, während die Getreidebauprovinzen Santa Fé 6,2, Buenos Aires und Entre Rios je 5,4 und Cordoba 3,4 Einwohner auf den Quadratkilometer im Jahre 1908 hatten. Die Territorien sowie alle entfernter gelegenen Landesteile aber weisen eine weit geringere Bevölkerungsdichtigkeit auf. Was Argentinien also zu seiner wirtschaftlichen Entwicklung am allermeisten fehlt, sind Arbeitskräfte. Es kann daher auch in Zukunft einen starken Zustrom von Arbeitskräften nicht entbehren, wenn es die natürlichen Hilfsquellen vollständig ausnutzen will.

Auf die Einzelheiten der argentinischen Einwanderungs- und Kolonisationspolitik einzugehen, verbietet der verfügbare Raum. Ein Vergleich mit den Vereinigten Staaten von Nordamerika zeigt, daß Argentinien weniger erfolgreich gewesen ist. Während die Einwanderung nach Argentinien von 1857—1865 nur 66 874 Personen betrug, wanderten in die Vereinigten Staaten in der gleichen Zeit 1,4 Mill. Menschen ein. In späteren Jahren hat Argentinien auch nur in geringerem Maße den Strom der Einwanderer zu sich zu lenken gewußt, denn es wanderten aus nach:

	Argentinien	Vereinigte Staaten von Nordamerika
1881—1895	1 827 707	7 527 348
1901—1909 [1]	1 474 463	7 754 738

Wenn man die Größenverhältnisse beider Länder berücksichtigt, gelangt man zu der Erkenntnis, daß Argentinien auch relativ zurückgeblieben ist, denn in den Vereinigten Staaten, mit etwa dreimal so großem Flächenraume, war die Einwanderung in dem Zeitraum von 1881—1895 etwa $6^1/_2$ mal und in dem Zeitraum von 1901—1909

---

[1] Für Argentinien nur vier Fünftel des Jahres 1909.

$5^1/_3$ mal so groß als in Argentinien. Insgesamt wanderten in die Vereinigten Staaten von Nordamerika von 1822—1909 26 852 723, nach Argentinien von 1857—1909 4 530 128 Menschen ein, von denen jedoch 1 828 291 das Land wieder verließen, so daß Argentinien nur 2 932 921 Einwanderer verblieben. Nicht eingeschlossen sind in diese Summe die als Kajütepassagiere ein- und ausgewanderten Fremden.

An Bestrebungen zur Förderung der Einwanderung hat es in Argentinien nicht gefehlt, da zeitweilig besondere Kommissionen zu diesem Zwecke ernannt, auch Versuche gemacht wurden, Einwanderer durch Freipassagen ins Land zu ziehen. Wenn die Erfolge dennoch so erheblich hinter den Vereinigten Staaten zurückgeblieben sind, so ist, glaube ich, die Ursache darin zu sehen, daß Argentinien weit später mit der Heranziehung von Einwanderern begonnen hat und mehr noch darin, daß die Landpolitik den Interessen des Landes nicht dienlich gewesen ist, da das den Indianern abgenommene Land in großen Komplexen in die Hände von Privatpersonen überging, anstatt daß es durch zweckdienliche Aufteilungsgesetze unter vorteilhaften Bedingungen den Ansiedlern zugänglich gemacht wurde. Obwohl es an Gesetzen und Verordnungen zum Zwecke der Kolonisation nicht gefehlt hat, vermißt man eine durchgreifende Regelung dieser Frage. Eine starke Behinderung der Einwanderung nach Argentinien ist sicherlich auch in den vielen politischen Wirren zu suchen, welche Argentinien zu der Zeit beunruhigt haben, als sich der Hauptstrom der Auswanderer nach den Vereinigten Staaten ergoß, und welche zweifellos viele der europäischen Auswanderungslustigen entmutigt haben. Diese Wirkung dürfte durch die große Zahl von Rückwanderern unterstützt worden sein, welche Argentinien nach vorübergehendem Aufenthalte wieder verließen, da sie ihre Erwartungen nicht erfüllt fanden.

Von der Gesamteinwanderung von Übersee und Montevideo haben 40,4 Proz. Argentinien wieder verlassen. Diese Abwanderung hat sich bis in die neueste Zeit fortgesetzt, denn in der Zeit von 1901—1905 gingen von der Gesamteinwanderung in Höhe von 717 402 Personen 383 823 und im Jahre 1907 von 297 924 Einwanderern 138 063, also fast die Hälfte wieder zurück. Die Rückwanderer scheiden sich in zwei Gruppen: die erste verläßt das Land dauernd, während die zweite Gruppe die Wanderarbeiter umfaßt, die nach Art unserer deutschen Sachsengänger Argentinien lediglich zum vorübergehenden

Aufenthalte in der arbeitsreichen Zeit aufsuchen. Die Statistik läßt den Prozentsatz beider Gruppen nicht erkennen, jedoch ist anzunehmen, daß die Zahl derjenigen Leute, welche Argentinien für immer den Rücken kehren, nicht gering ist. Aber auch die Wanderarbeiter (hier golondrinas=Schwalben genannt) stellen für Argentinien, auch wenn sie die unentbehrlichen Arbeitskräfte liefern, keinen großen Gewinn dar, da naturgemäß alle diese Leute ihre Ersparnisse in die Heimat mitnehmen.

Im Vergleich mit den Vereinigten Staaten von Nordamerika begegnen wir in Argentinien hinsichtlich der Nationalität einer wesentlich anderen Zusammensetzung der Einwanderer. Während Professor Sering in seinem bekannten Werke über die landwirtschaftliche Konkurrenz Nordamerikas sagt, daß von den in der Zeit von 1820—1884 in die Vereinigten Staaten eingewanderten Personen 88,8 Proz. auf die germanische bzw. angelsächsische Rasse entfielen, von denen sogar 34,8 Proz. rein deutscher Abkunft waren, gehörten von den 3 409 570 in der Zeit von 1857—1909 von Übersee nach Argentinien eingewanderten Personen mehr als 90 Proz. der **romanischen** Rasse an, wie die folgende Zusammenstellung zeigt:

Italiener	1 892 721 =	58,3 Proz.
Spanier	882 271 =	25,8 „
Franzosen	192 436 =	5,6 „
Russen	93 349 =	2,6 „
Österreich=Ungarn	64 252 =	1,7 „
Syrier	60 359 =	1,6 „
Engländer	44 971 =	1,2 „
Deutsche	43 856 =	1,2 „
Schweizer	29 101 =	0,9 „
Belgier	21 007 =	0,6 „
Portugiesen	10 996 =	0,3 „
Holländer	6 319 =	0,2 „
Dänen	5 211 =	0,2 „
Nordamerikaner	4 153 =	0,1 „
Schweden	1 430 =	— „
Verschiedener Nationalität	57 105 =	1,6 „

Von den Hauptkategorien der Einwanderer betätigen sich in der argentinischen Landwirtschaft die Italiener, spanischen Basken, Deutsch=

russen, Österreich-Ungarn, Deutsche und Schweizer. Die italienischen Einwanderer stellen bekanntlich die weitaus überwiegende Mehrzahl der Ackerbauer, während die spanischen Basken sich vorzugsweise mit Viehzucht beschäftigen, soweit letztere Arbeiten nicht durch die einheimische Bevölkerung geleistet werden. Wenn den guten Eigenschaften der Einwanderer aller Nationalitäten gerne alle Gerechtigkeit widerfahren soll, so kann dennoch nicht bestritten werden, daß der romanischen Rasse bei allem Fleiße die Ausdauer in der Arbeit und das Bedürfnis, sich ein angenehmes und eigenes Heim zu gründen, nicht so zu eigen sind, wie letztere Eigenschaften den Deutschen von Sering in seinem vorgenannten Buche nachgerühmt werden. Hinreichend bekannt ist es, daß der italienische Ackerbauer zwar zeitweilig ein äußerst leistungsfähiger und dann auch sehr fleißiger Arbeiter ist, der die Konkurrenz mit jedem anderen Arbeiter der Welt aufnehmen kann, wenn es gilt die Bestellungs- und Erntearbeiten in einem möglichst kurzen Zeitraume zu bewältigen, daß er aber nach beendeter Arbeit sich der Muße auch so vollständig hinzugeben weiß, daß er nicht einmal Arbeiten verrichtet, die seine Lebenshaltung durch selbst geschaffenen Komfort verbessern würden. Für die Entwicklung des argentinischen Ackerbaues sind diese Eigenschaften, die einen starken Einfluß auf die Angehörigen anderer Nationalitäten nicht verfehlt haben, geradezu verhängnisvoll geworden, da die Technik des Ackerbaues immer noch auf derselben primitiven Stufe steht, wie vor 15—20 Jahren, trotzdem die Landpreise und Landpachten eine Verbesserung und Intensivierung gebieterisch fordern, zumal da die Durchschnittserträge ungewöhnlich niedrig sind und der Ackerbauer mit einer großen Unsicherheit der Erträge rechnen muß.

Die Einwanderung von deutschen Arbeitern nach Argentinien ist niemals groß gewesen. Zu Zeiten, als der Grund und Boden billig zu erwerben war, ist die damals sehr günstige Gelegenheit leider verpaßt worden, denn in geschlossenem Gemeinwesen hätten tüchtige deutsche Ackerbauer noch vor zehn Jahren ein ausgezeichnetes Fortkommen gefunden. Es fehlte jedoch an geeigneter Führung, denn von dem romanischen Volkstume wurde der Deutsche erdrückt. Auch sagten ihm weder die Lebensgewohnheiten, noch das Arbeitssystem der Landwirtschaft zu. Daher trifft man gegenwärtig unter den Ackerbauern nur ganz vereinzelt Deutsche. Einige haben sich aber, oft aus kleinsten Verhältnissen unter der Gunst früherer niedriger Bodenpreise zu großem Wohlstande emporgearbeitet. Manche waren allerdings auch dem harten Kampf ums Dasein nicht gewachsen. In den letzten drei Jahren war die Einwanderung von Deutschen stärker als je zuvor, sie betrug im Jahre 1909: 3201, 1910: 3282 und 1911: 3592. Einen bleibenden Gewinn brachte sie Argentinien dennoch nicht, da die Zahl der deutschen Rückwanderer unverhältnismäßig groß war, und zwar 1909: 2296, 1910: 2760 und 1911: 2830 oder 71,7 bzw. 84,0 bzw. 78,8 Proz. der Einwanderer der betreffenden Jahre.

Wenn man erwägt, daß die reichen Schätze des argentinischen Bodens zum großen Teil immer noch der Hand des fleißigen Arbeiters harren, die Bevölkerung von knapp sieben Millionen aber nicht entfernt hinreicht die Arbeit zu vollführen, so muß es dem aufmerksamen Beobachter unbegreiflich erscheinen, daß die argentinische Regierung Jahr für Jahr Scharen von Leuten von dannen ziehen läßt, ohne ernstlich Anstalten zu machen, die Leute im Lande zu behalten. Wenn schon die Einwanderung im Verhältnis zur Größe des Landes gering ist, so würde sie dem dringendsten Bedürfnis wohl genügen, wenn nicht alljährlich die gewaltigen Verluste an bereits gewonnenen Arbeitskräften in Abzug zu bringen wären. Nicht immer sind es die schlechtesten Kräfte, die rückwandern, da vorwiegend solche Leute sich zu dem Schritte entschließen, welche sich ihrer Kraft bewußt sind und sich sagen, daß sie in ihrer Heimat oder in einem anderen Lande mehr erreichen können.

Wenn daher das Ergebnis der Einwanderung nicht befriedigt, so ist die Frage berechtigt, auf welche Gründe die langsame Entwicklung zurückzuführen ist? Die Beantwortung läßt sich in Kürze zu folgenden Punkten zusammenfassen:

1. Die Einwanderung nach Argentinien hat erst begonnen, als andere Länder bereits einen gewaltigen Vorsprung hatten.
2. Die unruhigen politischen Verhältnisse früherer Jahre sowie die nicht abzuleugnenden Mißstände im öffentlichen Leben und mehr noch die in Europa darüber kursierenden Gerüchte haben Auswanderern die Lust genommen, sich Argentinien zuzuwenden.
3. Die Kolonisationspolitik ist keine glückliche gewesen.
4. Die Schwankungen des Papiergeldkurses in früheren Jahren haben den Reiz zum Sparen erheblich herabgemindert.
5. In neuerer Zeit bildet der Mangel an günstig gelegenem, billig und leicht zu erwerbendem Lande ein gewaltiges Hindernis, da,

Die landwirtschaftlichen Produktionsverhältnisse Argentiniens. 13

mit Ausnahme der meist ohne gute Kommunikationsmittel weit entfernt gelegenen Regierungsländereien, alles für den Ackerbau geeignete Land sich seit langer Zeit in Privathänden befindet und die Regierung immer noch zögert, die Aufteilung der großen Latifundien zu fördern, um dadurch den Übergang kleinerer Landstücke durch Verkauf an Ackerbauer zu ermöglichen.

6. Es wird darüber geklagt, daß die Arbeitsgelegenheit in Argentinien zeitweilig recht unsicher ist.

7. Die ungewöhnliche Teuerung aller Lebensbedürfnisse, die seit einigen Jahren in Argentinien herrscht, erschwert die Selbständigmachung außerordentlich.

Die unter 4. erwähnten Schwankungen des Goldkurses haben bekanntlich seit der im Jahre 1903 erfolgten gesetzlichen Festlegung des Kurses auf 227,27 aufgehört, und der gegenwärtige feste und hohe Goldkurs bietet dem Wanderarbeiter, der seine Ersparnisse in der Heimat umwechseln will, im Gegenteil einen Anreiz zur vorübergehenden Arbeit in Argentinien. Dagegen wirkt der derzeitige Geldkurs zweifellos darauf ein, die Verteuerung aller Lebensbedürfnisse zu fördern, da die Kaufkraft des Papierpesos jetzt ebensowenig eine erhöhte ist (wie beispielsweise durch die Steigerung der Löhne, der Landpreise usw. bewiesen ist), als sie zur Zeit des Zwangskurses bemerkenswert verringert war, wie letzteres Professor Kärger seinerzeit durch eine ausführliche Arbeit festgestellt hat.

Auf die Verteuerung der Lebensmittel wirkt ferner die Art der Verteilung der Lasten und Abgaben, da eine Vermögens- und Einkommensteuer nicht existiert und daher die Staats- und Kommunaleinnahmen durch Finanzzölle und Abgaben verschiedener Art aufgebracht werden müssen, so daß der unbemittelte Arbeiter durch Beschaffung der täglichen Bedürfnisse verhältnismäßig hoch zu den allgemeinen Lasten herangezogen wird. Eine weitere Ursache der Verteuerung des Lebensunterhaltes liegt in der rücksichtslosen Ausbeutung des Nächsten, da namentlich der Zwischenhändler unverhältnismäßig hohe Gewinne einzustreichen gewöhnt ist, wie sich durch unzählige Beispiele des täglichen Lebens nachweisen ließe[1]. So lange der Land-

---

[1] Ein Vergleich lehrt, daß mit Ausnahme des Fleisches sich bei keiner Ware ein billigerer Preis feststellen läßt, als in Deutschland. Wohl aber dürften die meisten Lebensbedürfnisse nach deutschem Gelde den

arbeiter in fremden Diensten steht, wird er von der Teuerung der Lebensmittel wenig oder gar nicht betroffen, da ihm gewöhnlich freie

---

doppelten bis dreifachen Preis haben. Um einen ungefähren Begriff von den Preisen zu geben, seien die Kleinhandelspreise für einige Bedarfsartikel in einem Vororte von Buenos Aires, mit den vor etwa zwei Jahren in deutschen Großstädten gezahlten verglichen:

		Argentinien		Deutschland
1 Kilogr. Weizenbrot	40 Cents	= 72 Pf.	32 Pf.
1 Liter Milch je nach Qualität	15—25 "	= 27—45 "	22—24 "
10 Kilogr. Kartoffeln	80—120 "	= 144—216 "	70—80 "
1 " Zucker	45—55 "	= 81—100 "	45—55 "
1 " Butter	200—300 "	= 360—540 "	260—280 "
100 " Steinkohlen	400 "	= 720 "	300 "
20 Liter Petroleum	400 "	= 720 "	400 "
12 Flaschen Bier zu ¾ Liter	420 "	= 756 "	216 "
1 Dtzd. Schachteln Streichhölzer	40 "	= 72 "	30 "

Zwar finden nur wenige der zum Vergleich herangezogenen Waren in dem Haushalte des Chacareros Verwendung, da dieser sich auf den Bezug der notwendigsten Waren, wie Zucker, Streichhölzer, Petroleum usw. und nur gelegentlich von Brot beschränkt (gewöhnlich backt er sein Brot selbst), wofür er alsdann bei gleicher Qualität noch weit höhere, als die in Rechnung gestellten Preise zu zahlen hat, da die Kamp Almaceneros den Transport der Waren nach der Kampstadt zu berechnen und bei der finanziellen Abhängigkeit des Chacareros erheblich höhere Aufschläge zu machen pflegen. — Die Auswahl der obigen Waren geschah aber aus dem Grunde, weil diese Preise Durchschnitts=Kleinhandelspreise sind und sich buchmäßig feststellen ließen, was bei dem Fehlen einer Chacarerorechnung nicht möglich war. Sehr charakteristisch für die Teuerung in diesem Lande mit fast ausschließlicher landwirtschaftlicher Produktion ist es, daß die Preise von Kartoffeln, Milch, Butter, Zucker weit höher als die wahrlich nicht geringen Preise in Deutschland sind, und daß sogar der Brotpreis in dem Lande, das den billigsten und in gewisser Beziehung besten Weizen der Welt produziert, mehr als doppelt so hoch ist als in Deutschland. Aber nicht genug damit, daß die Preise so enorm hoch sind, läßt die Qualität der Waren meist viel zu wünschen übrig, wie dem Vernehmen nach der Käufer auch gewöhnlich mit Mindergewicht zu rechnen hat. An der Verteuerung aller Gebrauchsgegenstände sind außer den genannten Faktoren die zahlreichen Truste der Fabrikanten und Zwischenhändler schuld, gegen welche in neuester Zeit in großen öffentlichen Versammlungen angekämpft wird — — ob erfolgreich, erscheint jedoch recht fraglich. — Den obigen Preisen entsprechen die Preise der Wohnungsmieten, Kleidung usw., und Luxusartikel sind selbstverständlich besonders teuer. Auch die Frachten= und Personentarife auf den Bahnen sind sehr hoch. Eine Umrechnung in deutsches Geld oder in

Verpflegung gewährt wird und er daher nur für seine übrigen Bedürfnisse zu sorgen hat. — Besonders günstig sind in dieser Beziehung die überseeischen Wanderarbeiter gestellt, da diese sogar die Möglichkeit haben, ihren Bedarf an Kleidungsstücken usw. für billiges Geld in Europa zu decken. Daher können sie einen großen Teil ihres Verdienstes in die Heimat mitnehmen. — Ganz anders liegen dagegen die Verhältnisse für die selbständigen Arbeiter, die für Verpflegung und Unterhalt für sich, für ihre Familie und für etwaige fremde Arbeiter zu sorgen haben und daher natürlich unter der Teuerung der Lebenshaltung stark leiden, und das ist zweifellos einer der Faktoren, der die Seßhaftmachung der Ansiedler erheblich erschwert.

Nicht unberechtigt sind auch die Klagen über die Unsicherheit und den häufigen Mangel an Arbeitsgelegenheit. Die im Anfangsstadium der Entwicklung stehende Industrie beschäftigt erst einen verhältnismäßig geringen Teil der verfügbaren Arbeitskräfte, daher ist die Mehrzahl der Einwanderer auf die Landarbeit angewiesen. Fremde Arbeitskräfte werden aber von den argentinischen Ackerbauern bei der extensiven Wirtschaftsweise in größerer Zahl lediglich in der arbeitsreichen Zeit verwandt. Je nach dem Ausfall der Ernte verteilen sich die Arbeiten natürlich auf einen kürzeren oder längeren Zeitraum. Folgt einer guten Weizen- und Leinernte eine reiche Maisernte, so ist an ausgiebiger und lohnender Beschäftigung der Arbeiter bis zur neuen Bestellung der Felder weniger Mangel, wenn auch in der Zeit von Juni bzw. Juli bis Oktober, November die Feldarbeiten mit Ausnahme der Bodenbearbeitung, die wenig fremde Arbeitskräfte in Anspruch nimmt, gänzlich stocken, so daß der Überschuß der Arbeiter auf die sehr gering bezahlten Arbeiten an den Eisenbahnstrecken und ähnlichen angewiesen ist, sofern er überhaupt Beschäftigung findet. In ungünstigen Jahren aber, wie im Jahre 1911, wo die Maisernte zum größten Teil versagt hat, macht sich nach deren Beendigung ein großer Überfluß an Arbeitskräften bemerkbar, da keine öffentliche Fürsorge getroffen ist, die Leute anderweitig zu beschäftigen, noch den Strom

---

sonstige europäische Währung und folglich ein Vergleich mit den in Deutschland bezahlten Preisen erscheint an dieser Stelle berechtigt, weil der argentinische Ackerbauer hauptsächlich für den überseeischen Markt produziert und seine Einkünfte daher von den Weltmarktpreisen abhängen, während sich die Ausgaben lediglich nach den im Lande selbst bestimmten Preisen richten.

der Einwanderer in solchen Jahren zu verringern. Dadurch wird ein großer Teil der Arbeiter zur Rückwanderung gezwungen, wodurch manche brauchbare Arbeitskraft dem Lande dauernd verloren geht [1].

Auch in der arbeitsreichen Zeit ist für eine zweckmäßige Verteilung der Arbeitskräfte nicht Sorge getragen. Daher kommt es, daß an einzelnen Stellen des Landes Überfluß, an anderen dagegen oft Mangel an Arbeitern herrscht. Oft müssen große Trupps von Leuten von Ort zu Ort reisen, um Beschäftigung zu suchen, wobei die Leute ihre Ersparnisse aufzehren resp. für die recht teuren Bahnfahrten ausgeben müssen und mißmutig und arbeitsunlustig werden. Wie der Arbeiter, hat aber auch der Arbeitgeber unter diesen Verhältnissen zeitweilig sehr zu leiden, da bei dem stellenweise auftretenden Arbeitermangel die Löhne außerordentlich in die Höhe gehen, wenn die Erntearbeiten dringend erledigt werden müssen. — Die Maßnahmen zur Förderung der Einwanderung seitens der Regierung beschränken sich in dieser Beziehung darauf, diejenigen einwandernden Personen, die darum ersuchen, einmal auf Kosten des Staates nach dem von dem Einwanderer gewünschten Ziele innerhalb der Landesgrenzen frei zu befördern und einmal für Arbeitsgelegenheit zu sorgen, sofern solche vorhanden ist. Zu diesem Zwecke wird ein Nachrichtendienst im ganzen Lande unterhalten, durch welchen die Arbeitgeber das Einwanderungsamt von ihrem Bedarf an Arbeitskräften schriftlich oder telegraphisch in Kenntnis setzen können. — Bei der Unstetigkeit der großen Masse der eingewanderten Arbeiter kann der Regierung eine Verpflichtung zur dauernden Unterbringung natürlich nicht zugemutet werden, wohl aber würde ein gut funktionierendes Arbeitsamt manche Schäden beseitigen können. Im Interesse des Staates würde es sicherlich auch liegen, durch Meliorationen und etwaige Notstandsarbeiten die Leute auch in der arbeitsknappen Zeit zu beschäftigen, um dadurch die starke Rückwanderung zu verhüten und die Leute dem Lande dauernd zu erhalten.

Neben der Verschickung der Einwanderer auf Staatskosten übernimmt die Regierung die Verpflegung und Unterbringung der Einwanderer in dem Einwandererhotel in Buenos Aires während der ersten fünf Tage nach ihrer Ankunft und bei Transporten ins Innere

---

[1] Dem Vernehmen nach beabsichtigt die Nationalregierung demnächst mit der Einrichtung von Arbeitsämtern zu beginnen.

Die landwirtschaftlichen Produktionsverhältnisse Argentiniens.   17

des Landes, falls erforderlich, noch während weiterer zehn Tage. Auch wird den Leuten das Gepäck frei besorgt. Bei der Landessprache unkundigen Leuten ist für Dolmetscher bis zu dem Bestimmungsorte Sorge getragen. Kranke Einwanderer werden auch über diese Zeit hinaus bis zu ihrer Genesung behandelt und verpflegt. Das bisherige primitive, aus Holz hergestellte Einwandererhotel in Buenos Aires hat im verflossenen Jahre stattlichen, mit reichem Komfort ausgestatteten Steinbauten weichen müssen, in denen die Einwanderer sehr gut untergebracht sind. Auch in den Städten Rosario und Bahia Blanca werden gegenwärtig Einwandererhotels hergestellt.

Auf die Einzelheiten der älteren Kolonisationsbestrebungen kann hier nicht eingegangen werden. Zwar wäre es ungerecht behaupten zu wollen, daß die Argentinier der Frage der Kolonisation ihres Landes kein Interesse gewidmet haben, denn zahlreiche Gesetze sind im Laufe der letzten fünf Jahrzehnte auf diesem Gebiete erlassen worden, auch hat es zeitweilig weder an Propaganda in europäischen Ländern, noch an Mitteln zur Förderung der Einwanderung gefehlt, wie auch zu Ende der 1880 er Jahre Versuche gemacht wurden, die Einwanderungslust durch eine große Zahl von Freipassagen zu heben, welch letztere Maßnahme sich aber so wenig bewährt hat, daß in späteren Jahren von ihrer Wiederholung abgesehen wurde. Trotz aller Gesetze und Verordnungen ist es zu einer durchgreifenden und befriedigenden Regelung der Kolonisationsfrage und zu einer eigentlichen staatlichen Kolonisation nie gekommen, da die fiskalischen Ländereien in früheren Jahren in großen Komplexen teils zu minimalen Preisen abgegeben, teils sogar verschenkt wurden, so daß sich der Staat aller gut gelegenen und zu einer Ackerbaukolonisation geeigneten Ländereien enteignet hatte, bevor eine eigentliche Kolonisation einsetzen konnte. Die Folge dieses Vorgehens war, daß in Argentinien eine große Zahl von Latifundien ungeheurer Ausdehnung in die Hände von Privatpersonen gelangte, welche zu einem großen Teile noch heute einer zweckmäßigeren Ausnutzung harren. Die weitere Folge aber war, daß die Kolonisation lediglich der privaten Initiative zufiel, welche ihre Aufgabe nicht immer in befriedigender Weise gelöst hat. Die wenigen Versuche staatlicher Kolonisation haben zu keinem Erfolge geführt, so daß sie in ihren Einzelheiten übergangen werden können. Hinsichtlich der privaten Kolonisation lassen sich die folgenden Unternehmungsformen unterscheiden:

Erstens die Aufteilung und der Verkauf oder die Verpachtung großer Landkomplexe durch die Grundbesitzer selbst direkt an die Ackerbauer. Sie bieten dem Kolonisten die vorteilhafteste Art des Landerwerbes, da der Unternehmergewinn des Zwischenhändlers in Fortfall kommt.

Zweitens der Verkauf großer Komplexe an Unternehmer, welche sich ausschließlich in dem Geschäfte der Kolonisation betätigen. Außer den zahlreichen über die ganze Ackerbauzone verteilten Unternehmungen dieser Art nennt allein das Adreßbuch von Buenos Aires 25 solcher Kolonisationsfirmen, welche ihr Hauptbureau in der Hauptstadt haben. Der Umfang, den die Geschäfte einiger dieser Firmen angenommen haben, geht aus der Zusammenstellung von A. G. Langenheim in seinem Buche über die Kolonisation Argentiniens hervor. Beispielsweise hatte die Firma „La Nueva Argentina" im Verlaufe von vier Jahren mehr als 20 Kolonien gegründet und 181 550 Hektar an Ackerbauer verkauft; die „Empresa Colonisatora Rio de la Plata" parzellierte innerhalb weniger Monate 162 000 Hektar, und die im Jahre 1899 von einem Deutschen, Hugo Stroeder, gegründete „Kolonisation Stroeder" hatte bis zum Jahre 1906 bereits 730 500 Hektar aufgeteilt. Privatinteressen dienend, werden diese Gesellschaften nach kaufmännischen Grundsätzen geleitet. Den Käufern werden zwar meistens Zahlungserleichterungen dadurch gewährt, daß sich die Zahlung des Kaufgeldes bei einer mäßigen Anzahlung (meistens von einem Viertel der Kaufsumme) unter Verzinsung der restierenden Kaufgelder auf zwei bis vier oder mehr Jahre verteilt; doch findet je nach dem Objekt ein entsprechender Aufschlag auf den Einstandspreis statt, um die Kosten der Vermessung und der Aufteilung, die sehr großen Kosten der Geschäftsführung und der Propaganda aus dem Erlös zu begleichen und den Unternehmer für seine Mühewaltung und für das Risiko zu entschädigen. Da die definitiven Besitztitel erst nach Zahlung sämtlicher Kaufraten an den Käufer übergehen, so ist das Risiko für den Kolonisator kein großes, da er sich für seine ersten Auslagen durch die Anzahlung und durch etwaige weitere Raten, die vertragsmäßig bei Nichterfüllung dem Verkäufer verfallen, unter allen Umständen bezahlt gemacht hat, selbst wenn der Kolonist die Chacra im Stiche lassen oder der Verkäufer genötigt sein sollte, den Kolonisten aus irgendwelchen vertragsmäßig festgesetzten Gründen von seinem Grund und Boden zu vertreiben. Dann aber verbleibt dem Kolonisator die Chacra zum abermaligen Verkauf. Das Risiko besteht also lediglich darin, daß der Kolonisator nicht die genügende Zahl von Käufern findet. Zurzeit ist dieses Kolonisationsgeschäft in Gegenden mit guten Böden in günstigen Lagen durch die hohen Bodenpreise so sehr erschwert, daß die leichten Böden der Pampa Central das einzige Arbeitsgebiet bilden. Gewöhnlich berechnet sich der Aufschlag des Kolonisators auf den Einkaufspreis auf mindestens 100 Proz., so daß die Güterschlächterei, welche Bezeichnung diese Geschäfte nicht mit Unrecht verdienen, da irgendeine Förderung der wirtschaftlichen Interessen des Ansiedlers durch praktische Ratschläge hinsichtlich der Bodenbearbeitung oder in anderer Weise nicht stattfindet, ein rentables Unternehmen ist, sofern sich Käufer in genügender Zahl finden.

Ein drittes System ist die Verpachtung des Landes an Unternehmer zum Zwecke der Weiterverpachtung. Es ist in den letzten Jahren stark in Aufnahme gekommen und wird besonders von Spaniern und Franzosen mit vielem Geschick und meistens mit großem persönlichen Erfolge der Unternehmer betrieben. Der betreffende Kolonisator pachtet von einem oder mehreren Estancieros ausgedehnte, zum Ackerbau geeignete Kämpe, die häufig 20 000, 30 000, selbst 60 000 Hektar Fläche haben, um sie aufzuteilen und gegen einen entsprechenden Aufschlag an die Kolonisten weiter zu vermieten. Die Landmiete wird von dem Unternehmer an den Estanciero zu einem auf mehrere Jahre fest vereinbarten Satze in halbjährigen Vorschußraten in bar gezahlt, während der Kolonist die Pacht gewöhnlich in einem Anteil der Ernte zu erlegen hat. Mit dem Kampgeschäft ist bei diesen Geschäften wohl ausnahmslos ein großer Kaufladen (Almacaen) verbunden, welcher alle dem Kolonisten unentbehrlichen Waren, von Pferdegeschirren, Kleidungsstücken bis zu den Eßwaren, auch Luxusgegenstände aller Art, in sich vereinigt. Die Aufgabe des Unternehmers ist es, Pächter zur Bebauung des Landes in genügender Zahl heranzuziehen. Diese Aufgabe wird dadurch erleichtert, daß den Leuten bis zur neuen Ernte Kredite in Waren und bisweilen auch zur Auslohnung der fremden Erntearbeiter in barem Gelde eröffnet werden, wogegen die Leute Wechsel auszustellen haben, welche der Kolonisator bzw. Almacenero für seine Verbindlichkeiten bei seinen Geschäftsfreunden, auch bei Banken, verwertet. Da die Schulden der Pächter, die aus dem Erlös der Ernte nicht getilgt werden können, unter Hinzurechnung häufig nicht geringer Zinsen auf das folgende Jahr überschrieben werden, so ge=

langen die Kolonisten oft in große finanzielle Abhängigkeit von dem Almacenero, die sich vielfach jahrelang bis zum Eintritt einer guten Ernte hinzieht. — Dergestalt entwickelt sich der Kolonisator gleichzeitig zum Bankier und Vertrauensmann des Chacareros, Darlehen gebend und bisweilen nach guten Ernten Einlagen empfangend. Durch dieses System wird die Ansiedlung wenig bemittelter Leute wesentlich gefördert, und Arbeiter, die als fleißig, sparsam und solid sich eines guten Rufes erfreuen, sollen mit sehr geringen Ersparnissen als Teilpächter beginnen können, da ihnen Pferde, Ochsen, Wagen, landwirtschaftliche Maschinen usw. von dem Almacenero auf Kredit verabfolgt werden, sofern der Kolonisator nicht die erforderliche Zahl von Leuten mit eigenem Kapital auftreiben kann. In dieser Beziehung ist dem Kolonisator die Rolle des Kulturträgers nicht abzuerkennen, obwohl seine Fürsorge für den Kolonisten altruistischen Ideen nicht entstammt und immer und immer wieder Klage darüber geführt wird, daß die Kolonisten unter der Last der Almaceroverpflichtungen schwer zu leiden haben und ein gedeihliches Vorwärtskommen nur in selten günstigen Jahren erreicht wird. Daß der Kolonisator bei der Unsicherheit der argentinischen Geschäfte und der vielfach bekannten Unzuverlässigkeit der Kolonisten für das Risiko und die nicht geringen Mühen seines Berufes sich zu entschädigen sucht, ist ihm anderseits nicht zu verargen. Während die Kampverkaufsgeschäfte der Sorge um die Kolonisten mit dem Empfang der letzten Jahresrate entzogen sind und sich auch bis zur definitiven Beendigung des Geschäftes um die Tätigkeit ihrer Ansiedler nicht zu kümmern pflegen, hat der kolonisierende Großpächter und Almacenero den Kolonisten, da er an dem Erfolg der Arbeit sehr interessiert ist, gewöhnlich ständig unter Augen und gibt ihm Anleitung über die Bodenbearbeitung, über die Art der Saat und Ernte und über die Auswahl der anzubauenden Früchte.

Als vierte Kolonisationsform darf die von der „Jewish Colonization Association" geübte Praxis nicht unerwähnt bleiben, deren Tätigkeit in dem Ankauf umfangreicher Ländereien in den Ackerbauprovinzen zum Zwecke der Aufteilung an unbemittelte jüdische Familien mit den Mitteln, die seinerzeit von dem inzwischen verstorbenen Baron Hirsch für diesen Zweck zur Verfügung gestellt wurden, beruht. Diese, auf philanthropischen Grundsätzen begründete Gesellschaft besitzt zurzeit sehr umfangreiche Ländereien in den Provinzen Entre Rios, Santa Fé, Buenos Aires und in der Pampa Central, auf denen die Kolonien

Moisesville, Clara, San Antonio, Santa Isabel, Lucienville, Mauricio, Baron de Hirsch, Bernasconi angelegt wurden. Nach dem Jahresberichte von 1910 waren in allen Kolonien 1975 Kolonisten mit 2436 Familien und 13 407 Seelen angesiedelt. Im Jahre 1908 betrug der Zuwachs an Kolonisten 297. Außerdem lebten in den Kolonien 1054 Familien mit 5954 Seelen, die noch kein Land erhalten hatten, aber ebenfalls angesetzt werden sollen, sobald sie sich tauglich erwiesen haben. Insgesamt bestand die Bevölkerung aus 3490 Familien mit 19 361 Seelen. Wenn in Argentinien im Jahre 1909/10 im ganzen nur 21 337 ackerbauende Eigentümer vorhanden waren, so darf man der „Jewish Colonization Association" die vollste Anerkennung nicht versagen, da sie in der kurzen Zeit ihres Bestehens seit dem Jahre 1891 fast den zehnten Teil aller selbständigen Ackerbauerstellen Argentiniens geschaffen hat. Im Jahre 1909 waren bereits 103 060 ha unter Kultur, von denen 57 462 ha mit Weizen, 20 578 mit Lein, 7721 mit Hafer, 448 mit Gerste, 14 218 mit Mais und 2578 ha mit Luzerne besät waren. Der Wert der Gesamternte betrug im gleichen Jahre 3 686 046 Pesos. Der Viehbestand belief sich auf 173 567 Tiere, davon 103 715 Rinder, 26 975 Schafe und 42 877 Pferde. Die Befürchtung, daß Juden zum Ackerbau durchaus nicht geeignet seien und daher die Kolonisation von Anbeginn eine verfehlte sei, hat sich nicht erfüllt; denn während die Organisation des Ganzen einen durchaus befriedigenden Eindruck macht, wird auch der Ackerbau nicht schlechter, als von anderen Kolonisten in Argentinien betrieben. Auch die Viehhaltung scheint in guten Händen zu sein, da das Vieh trotz des Futtermangels infolge der ungewöhnlichen Trockenheit zur Zeit der Besichtigung in gutem Ernährungszustande war. Während in den anderen Kolonien der Gesellschaft der Ackerbau noch immer an erster Stelle steht, sind die Kolonisten in Moisesville zum großen Teil zum Alfalfabau (Luzerne) übergegangen, weil die Alfalfa dort sehr günstige Wachstumsbedingungen findet und der Weizenbau in manchen Jahren unsicher ist. Große Mengen getrockneter Luzerne werden in Ballen gepreßt und verkauft. Auf den verbleibenden Weiden findet ein zahlreicher Viehbestand ausgezeichnetes Fortkommen. Etwaige Ersparnisse pflegen die Kolonisten in Vieh anzulegen, teils durch Ankauf von Magervieh zum Fettmachen auf den eigenen Alfalfares, teils durch Ankauf von Zuchtvieh zur Verbesserung der Rasse.

Auch diesem Unternehmen sind, wie den meisten anderen im Lande, die trüben Erfahrungen zu Beginn nicht erspart geblieben. Solange man sich zu Unterstützungen der Leute verstand, ohne ein hinreichendes Äquivalent durch Arbeitsleistung dafür zu verlangen, und solange man Neuankömmlinge direkt auf dem zu bebauenden Lande ansetzte, sollen häufig Leute davongegangen sein, sobald die Subsidien aufhörten. Der dauernde Erfolg der späteren Kolonisation wurde erst dadurch erreicht, daß seit Jahren nur solche Leute angesiedelt werden, welche ein bis zwei Jahre bei dortigen Kolonisten gearbeitet, sich als fleißige, zuverlässige Leute bewährt und sich als Knechte in die Verhältnisse eingelebt haben, und ferner dadurch, daß es keinem Ansiedler unter keinen Umständen möglich ist, vor Ablauf von 20 Jahren in den Besitz des Landes zu gelangen. Letztere Maßnahme hat sich als besonders notwendig erwiesen, da bei dem großen Wandertriebe, der den Juden im Blute liegt, die Gefahr sehr groß ist, daß sie, selbst wenn sie jahrelang gute Kolonisten gewesen sind, eine sich bietende Gelegenheit ergreifen, um das Kolonielos zu verkaufen und sich einer anderen Beschäftigung zuzuwenden. — Der zum Kolonisten geeignete Arbeiter erhält von der Administration ein fertiges Anwesen, auf dem sich ein steinernes Haus mit zwei Zimmern und Küche, Stall und Brunnen befinden, ein Terrain von 150—285 ha, je nach der Güte des Bodens und der Lage, von dem ein Teil besonders eingezäunt und als Viehweide mit Luzerne angesät ist, ferner die erforderliche Saatmenge an Weizen, Lein usw., eine Anzahl Milchkühe und die zur Bewältigung der Arbeit nötigen Pferde. Der Wert des lebenden und toten Inventars einschließlich Haus, Brunnen und Umzäunung soll 3300 Pesos nicht übersteigen. Diese Summe, zuzüglich derjenigen des Wertes des Kamps und der Verzinsung der noch nicht abgezahlten Kapitalien, muß von dem Kolonisten in 20 Jahresraten an die Administration getilgt werden. Erst dann gelangt er in den Besitz der Titel und dadurch in das unumschränkte Eigentumsrecht seines Kolonieloses.

In diesen Kolonien erfreuen sich die Ansiedler ebenfalls der dauernden Fürsorge, Beratung und Anleitung durch die Administration und deren Angestellte. — Für die Erziehung der Kinder ist durch zahlreiche Schulen gesorgt. Nach dem Jahresbericht waren in den sämtlichen Kolonien 44 Schulen vorhanden, in denen 130 Lehrer tätig waren und 3083 Kinder unterrichtet wurden. Der Unterricht findet nur in spanischer Sprache statt. — Unabhängig von der Administration bestehen in den Kolonien genossenschaftliche Vereinigungen. — Arzt, Apotheke und Hospital werden durch die Beiträge der Kolonisten unterhalten. — Kaufläden werden seitens der Administration in den Kolonien nicht unterhalten. Auch ist es den Kolonisten verboten, solche zu errichten.

Daß der Handelstrieb den jüdischen Kolonisten durch die Beschäftigung mit dem Ackerbau nicht verloren gegangen ist, geht aus den zahlreichen Mitteilungen Außenstehender hervor, welche besagen, daß die Kolonisten von Moisesville aus einen sehr schwunghaften Viehhandel nach Tucuman und anderen Gegenden des Landes mit bestem Erfolg betreiben. Auch die Kolonisten anderer jüdischer Kolonien sollen gelegentlichen Handelsgeschäften durchaus nicht abgeneigt sein.

Die Siedlung der jüdischen Kolonisten erfolgte in der ersten Zeit gleich der der Deutschrussen in geschlossenen Dörfern. Das System bewährte sich in der Praxis nicht, weil bei den großen, der Bewirtschaftung unterliegenden Flächen ein Teil der Felder dadurch weit entfernt von der Behausung des Kolonisten lag und viel Zeit durch Wege verloren ging, auch häufig Zwistigkeiten unter den Kolonisten und deren Frauen vorkamen und noch andere Gründe dagegen sprachen. Man hat sich in neuerer Zeit daher dahin entschieden, teils zwei, teils vier Familien einander gegenüber an den Hauptwegen anzusiedeln, und hiermit ausgezeichnete Erfolge erzielt, da die Schäden der Dorfsiedlung beseitigt wurden, anderseits aber die Ansiedler nicht völlig vereinsamt blieben, womit der Gewohnheit aus der Heimat Rechnung getragen wurde.

Die unter den italienischen, spanischen und sonstigen Kolonisten allgemein verbreitete Siedlungsform ist die in Einzelgehöften, welche möglichst in der Mitte des zu bebauenden Landes angelegt werden. Sie bieten den großen Vorteil der Zeitersparnis, indessen dürfen die weit größeren Nachteile nicht übersehen werden. Diese bestehen darin, daß der auf sich und seine Familie angewiesene Ansiedler, der bei den weiten Entfernungen der Chacras voneinander, bei einem an Entbehrungen und harter Arbeit reichem Leben von einem geselligen, freundnachbarlichen Verkehr und irgendwelchem Lebensgenuß so gut wie gänzlich abgeschlossen ist, sich nimmer auf seiner Scholle heimisch fühlt, und stets in dem Gedanken lebt, nur zu erwerben und möglichst rasch zu Geld zu gelangen, um dem Lande wieder den Rücken zu kehren. Nicht zum mindesten dürfte dieses System der Siedlung die Schuld haben, daß die Zahl der ackerbauenden Eigentümer so gering geblieben ist. — Das gänzliche Fehlen eines landwirtschaftlichen Vereinswesens unter den Ackerbauern, das immer wiederkehrende Versagen aller genossenschaftlichen Unternehmungen, die gerade in Argentinien, wie kaum in einem anderen Lande am Platze wären, der Tiefstand der Technik des Ackerbaues sind ohne Zweifel zum Teil ebenfalls auf dieses System der Siedlung zurückzuführen.

Das Ergebnis der Kolonisationstätigkeit läßt sich aus folgender Zusammenstellung über die Zahl der Ackerbaubetriebe erkennen, welche der vom Ministerium für Landwirtschaft herausgegebenen Estadistica Agricola für 1909/1910 und 1910/1911 entnommen wurde. Es waren in Argentinien vorhanden:

Jahr	Eigentümer		Pächter		Halbpächter		Insgesamt
1904/05	17 222	34,7 %	24 833	51,0 %	6 964	14,3 %	**49 019**
1905/06	16 359	34,7 „	26 643	51,0 „	8 425	14,3 „	**51 427**
1906/07	18 476	32,4 „	31 029	54,4 „	7 551	13,3 „	**57 056**
1907/08	21 591	32,2 „	37 052	55,3 „	8 397	12,5 „	**67 040**
1908/09	21 491	31,8 „	36 389	54,5 „	8 169	13,7 „	**66 049**
1909/10	21 337	31,8 „	37 469	56,1 „	8 090	12,1 „	**66 896**

Die Gesamtzahl der Ackerbaubetriebe war vom Jahre 1904/1905 bis zum Jahre 1907/1908 andauernd und nicht unerheblich gestiegen, in den beiden folgenden Jahren jedoch nicht nur konstant geblieben, sondern hatte sogar den wenn auch geringen Verlust von 144 Betrieben zu verzeichnen, obgleich die für den Ackerbau benutzte Fläche in den letzten Jahren sich ständig vergrößert hat. — Das Verhältnis der Zahl der Eigentümer zu der der Pächter hat sich zuungunsten der ersteren verändert, da im Jahre 1904/1905 noch 34,7 Proz., im Jahre 1909/1910 aber nur 31,8 Proz. aller Ackerbauer zu eigenem Grund und Boden gelangt waren. Bis zum Jahre 1907/1908 hatte die Zahl der Besitzer durchschnittlich um zwei- bis dreitausend alljährlich zugenommen, von da ab aber erfuhr sie eine ständige, wenn auch nicht sehr erhebliche Verminderung. Die obigen Ziffern veranschaulichen die bedauerliche Tatsache, daß unter den gegenwärtigen Produktionsbedingungen das Hinaufarbeiten zum selbständigen Besitzer ganz außerordentlich erschwert, wenn nicht zur Unmöglichkeit gemacht worden ist. Ein ähnliches Ergebnis offenbaren die Angaben über die Zahl der Pächter und

Halbpächter, welche zeigen, daß der Andrang zur pachtweisen Bearbeitung des Landes in den letzten Jahren zum Stillstand gelangt ist, zweifellos, weil die ungünstigen Pachtbedingungen ein wirtschaftliches Vorwärtskommen des Pächters ebensowenig ermöglichen. Es ist sehr charakteristisch, daß die Zunahme der Zahl der Ackerbaubetriebe gerade in der Zeit zum Stillstand gekommen ist, in der die Steigerung der Landpreise und Pachten und die allgemeine Teuerung sich fühlbar zu machen begannen. Wären die Weltmarktpreise für die Ackerbauprodukte in den letzten Jahren nicht so erheblich in die Höhe gegangen, so wäre der argentinische Getreidebauer schon lange nicht mehr produktionsfähig gewesen. Die Großgrundbesitzer aber haben die Wertsteigerung der Produkte in ihren Bodenpreisen und Pachten weit über den Wert zu diskontieren gewußt, eine Maßnahme, die sich durch den Mangel an Ackerbauern bereits gerächt hat und weiterhin vermutlich noch weit mehr rächen wird. Recht bezeichnend ist es auch, daß in den letzten Jahren obiger Statistik die Zahl der Ackerbaubetriebe in der alten Ackerbauprovinz Santa Fé um 2588 und in der Provinz Entre Rios um 1440 zurückgegangen ist, während allerdings die Provinz Buenos Aires eine Zunahme von 789, die Provinz Cordoba von 1809 und die Pampa Central von 1286 Ackerbaubetrieben erfahren haben. Diese Veränderungen sind auf Wanderungen der Ackerbauer nach anderen Landesteilen zurückzuführen, welche ihre Ursache in der Steigerung der Pachten in den östlichen Provinzen hatten.

Hinsichtlich der landwirtschaftlich tätigen Bevölkerung in Argentinien dürfte ein Vergleich mit den Vereinigten Staaten von Nordamerika nicht uninteressant sein. Dort gehörten im Jahre 1900 10 500 000 Personen[1] zur Landwirtschaft, darunter 5,7 Mill. Eigentümer, Pächter und Aufseher, 2 350 000 Familienmitglieder des Besitzers und 2 000 000 Lohnarbeiter, so daß man annehmen darf, daß insgesamt mehr als 8 Millionen ständig in der Landwirtschaft beschäftigt waren. Nach dem Censo agropecuario von 1908 waren dagegen in Argentinien nur 2 294 471 in der Landwirtschaft und davon 1 303 925 im Ackerbau und 990 546 in der Viehzucht tätig. Die folgende Zusammenstellung zeigt, wie sich die Arbeitskräfte auf die ständigen und die vorübergehend beschäftigten Arbeiter und auf Männer, Frauen und Kinder verteilen:

---

[1] Vergl. Zeitschrift für Agrarpolitik, Februar 1911. Aufsatz des Frhrn. von Wilmowski.

	Ständige Arbeiter			Vorübergehend beschäftigte Arbeiter		
	Männer	Frauen	Kinder	Männer	Frauen	Kinder
Im Ackerbau ..	296 252	134 798	147 005	566 202	86 615	72 053
In der Viehzucht	301 614	162 345	170 859	299 652	31 419	24 657

Während auf dem dreimal so großen Flächenraum in den Vereinigten Staaten, trotz der machtvollen Industrie, mehr als 8 Millionen Leute dauernd in der Landwirtschaft beschäftigt waren, entfielen in Argentinien nur 1,2 Millionen auf die gleiche Kategorie.

* * *

Für eine relativ intensivere Nutzung durch Ackerbau und Viehzucht kommt gegenwärtig nur das zentrale Produktionsgebiet, etwa zwischen dem 30. und 39. Breitengrad, das sich im Osten bis zur Nordgrenze der Provinz Corrientes fortsetzt, in Betracht. Auf dieses werden sich die folgenden Ausführungen beziehen, da die Spezialkulturen des Wein- und Zuckerrohrbaues usw. an dieser Stelle nicht interessieren, weil sie lediglich für den Bedarf des Landes arbeiten, die Viehzucht der nördlichen und südlichen Landesteile sich aber erst in den Anfängen der Entwicklung befindet, so daß sie für den Export zurzeit noch keine Rolle spielt, wenngleich ihre Entwicklungsmöglichkeit nicht verkannt werden darf.

Obgleich von einem Ineinandergreifen von Viehzucht und Ackerbau im Sinne der deutschen Landwirtschaft auf den argentinischen Estancien nicht gesprochen werden kann, so dient dennoch das zentrale Produktionsgebiet gleichzeitig der Ausnutzung durch beide Betriebszweige, wobei der Ackerbau vorwiegend als Mittel zu dem Zwecke betrieben wird, die ursprüngliche Grasnarbe durch Bodenbearbeitung zu verfeinern, um alsdann eine stärkere Nutzung durch die Viehzucht zu erreichen. In welcher Ausdehnung die einzelnen Landesteile durch den Ackerbau bzw. durch die Anlagen von künstlichen Weiden ausgenützt werden und welche Zunahme die Kulturen in den letzten Jahren erfahren haben, ist aus nachstehender Zusammenstellung zu erkennen, welcher die Angaben des Zensus von 1895 und des Censo agropecuario von 1908 zugrunde liegen.

Die landwirtschaftlichen Produktionsverhältnisse Argentiniens. 27

	Buenos Aires				Santa Fé			
	1895	%[1]	1908	%[1]	1895	%[1]	1908	%[1]
	in 1000 Hektaren							
Weizen	367	1,2	1 947	6,4	1 031	7,8	1 170	8,9
Mais	669	2,2	853	2,8	186	1,4	662	6,0
Leinsaat	65	0,2	342	1,1	267	2,0	583	4,4
Gerste	22	—	55	0,2	10	0,1	17	0,2
Hafer	—	—	344	1,1	—	—	7	—
Alfalfa	162	0,5	1 503	4,9	134	1,0	690	5,3
Andere Futterpflanzen	11	—	1 016	3,3	4	—	206	1,6
	1 296	4,1	6 060	19,8	1 632	12,3	3 335	26,4

	Cordoba				Entre Rios				Pampa Central	
	1895	%[1]	1908	%[1]	1895	%[1]	1908	%[1]	1908	%[1]
	in 1000 Hektaren									
Weizen	294	1,8	1261	7,8	292	3,9	246	3,3	173	—
Mais	95	0,6	162	1,0	73	0,9	31	0,4	37	—
Leinsaat	36	0,2	162	1,0	20	0,3	162	2,2	17	—
Gerste	9	—	7	—	5	—	4	—	1	—
Hafer	—	—	7	—	—	—	16	—	9	—
Alfalfa	198	1,1	1246	7,2	17	0,2	69	0,9	295	—
AndereFutterpflanzen	—	—	169	1,0	2	—	69	0,9	98	—
	632	3,7	3014	18,0	409	5,3	597	7,7	630	—

Von dem gesamten Areal der betreffenden Landesteile waren im Jahre 1908 in der Provinz Buenos Aires erst 11,6 Proz. dem Ackerbau und 8,2 Proz. künstlichen Weiden nutzbar gemacht, während auf die Provinz Santa Fé 19,5 bzw. 6,9 Proz., auf die Provinz Cordoba 9,8 bzw. 8,2 Proz., auf die Provinz Entre Rios 5,9 bzw. 1,8 Proz. entfielen. Den prozentualen Anteil für die Pampa Central festzustellen, wäre zwecklos, da in diesem Territorium sehr große Flächen sind, welche sich weder zu Acker- noch zu Alfalfabau eignen. Der Vergleich mit dem Jahre 1895 ist sehr instruktiv, da er zeigt, daß die kultivierte Fläche in allen vier Ackerbauprovinzen sich stark vergrößert hat. Die größte Zunahme der kultivierten Fläche zeigt die Provinz Buenos Aires, wo sich das Ackerbauareal verdreifacht, die Alfalfa- usw. kultur aber

---

[1] Prozent Anteil an der Gesamtfläche des betreffenden Landesteiles.

vervierzehnfacht hat. In Santa Fé hat sich die Ackerbaufläche fast verdoppelt, die Alfalfafläche versechsfacht, in Cordoba hat sich die Ackerbaufläche verdreieinhalbfacht, die Alfalfafläche verachtfacht. Nur die Provinz Entre Rios ist sowohl in bezug auf den Ackerbau (mit Ausnahme des Leinbaues), wie auf die Anlage künstlicher Weiden verhältnismäßig wenig vorangeschritten. Sehr schnell ist dagegen die Entwicklung der Pampa Central vonstatten gegangen. Dort waren im Jahre 1895 erst 400 Hektar Weizen, 28 000 Hektar Mais und 5300 Hektar Alfalfa angesät, während der Leinbau gänzlich fehlte. Im Jahre 1908 hatte sich das kultivierte Areal auf 630 000 Hektar erweitert, von denen 393 000 Hektar, also mehr als die Hälfte, Alfalfa waren, trotzdem die alfalfaanbaufähige Zone nur einen geringen Teil dieses Territoriums einnimmt.

Wie die obige Statistik lehrt, ist also erst ein Teil der für intensivere Kultur geeigneten Ländereien diesem Zweck nutzbar gemacht. Der andere Teil hat entweder früher bereits dem Ackerbau gedient oder ist noch jungfräuliches Weideland. Von besonderem Interesse für die Frage der Konkurrenz argentinischen Getreides auf dem Weltmarkte ist die Feststellung der mutmaßlichen Ausdehnung der Anbauflächen der Kulturpflanzen. Für den Weizenbau hatte sich Professor Kärger seinerzeit die Mühe gemacht, den vermutlichen Umfang der argentinischen Weizenbauzone festzustellen. Eine Nachprüfung auf Grund der in der Zwischenzeit gemachten praktischen Erfahrungen ergibt, daß die Angaben sich im wesentlichen als zutreffend herausgestellt haben, wenn auch einige geringe Abweichungen festgestellt werden können, wie die folgende Gegenüberstellung zeigt:

Landesteil	Flächeninhalt qkm	Nach Kärgers Berechnung qkm	Nach den neueren Feststellungen qkm
Buenos Aires	305 121	311 377	297 521
Santa Fé	131 582	111 582	88 982
Cordoba	174 767	118 449	116 549
Santiago del Estero	102 355	3 300	—
Entre Rios	75 457	75 457	62 154
Corrientes	81 148	2 000	—
San Luis	75 518	1 000	—
Pampa Central	145 907	54 000	54 000
	—	680 465	619 206

Der Flächeninhalt der Provinz Buenos Aires vermindert sich nach neueren Vermessungen auf 305 121 qkm (gegenüber 311 377 qkm). Von dieser Fläche sind für die südlich von Bahia Blanca gelegene Region Pataginica 17 600 qkm in Abzug zu bringen, wo der Weizenbau bei zu geringen Niederschlägen nur ausnahmsweise befriedigende Resultate ergeben wird. In der Provinz Buenos Aires verbleiben also höchstens 297 521 qkm weizenfähiges Land. Ähnlich liegen die natürlichen Verhältnisse in der Provinz San Luis, wenn auch in feuchten Jahren mittelmäßige Ernten erzielt sein mögen. In Entre Rios und Santa Fé reicht die Weizenzone nicht so weit nach Norden, als seinerzeit von Kärger angenommen wurde. Nicht die Jahresisotherme des 20., sondern diejenige des 19. Grades bildet die Grenze. Daher liegen auch Santiago del Estero und Corrientes gänzlich außerhalb der eigentlichen Weizenzone. In bezug auf die Provinz Cordoba stimmen die Berechnungen annähernd und in bezug auf die Pampa Central genau überein. In ersterer Provinz wird die Nordgrenze, abgesehen von einem schmalen, längst der Grenze von Santa Fé verlaufenden, weiter nordwärts reichenden Streifen, dessen nördlichste Grenze etwa bei dem Orte La Rubia liegt, durch die große Lagune Mar Chiquita gebildet. Nördlich derselben ist der Boden stark salzhaltig, so daß er für den Ackerbau nicht geeignet ist. Die Westgrenze zieht sich östlich der Stadt Cordoba in geringer Entfernung der Grenze der Provinz San Luis etwa in der Gegend des Ortes Sampacha nach Süden. In der Pampa Central wird die westliche Grenze des Weizenbaues durch eine gedachte Linie von Cañada Verde, südlich von Sampacha gelegen, über Bernasconi nach Bahia Blanca gebildet. Sowohl die Verringerung des Regenfalles, wie die sandige Beschaffenheit des Bodens schließen den Ackerbau westlich dieser Grenzlinie aus. — Genauere Angaben über die Ausdehnung der Sumpf- und Ödländereien in dem Weizengebiet sind weder in der Literatur zu finden, noch auf persönliche Erkundigung von sachkundiger Seite zu erhalten. Ohne Gewähr für die Richtigkeit ist daher der Kärgerschen Annahme zu folgen und ein Abzug von 40 000 qkm zu machen, so daß der Umfang der argentinischen Weizenzone sich auf etwa 580 000 qkm beläuft. Daß tatsächlich der Weizenbau sich in neuerer Zeit mehr und mehr auf dieses Gebiet beschränkt, geht aus dem Vergleich der Statistik für 1895 und 1908 hervor, denn in ersterem Jahre entfielen von der Gesamtanbaufläche von 2 723 000 Hektar nur 1 986 000 (70 Proz.), in letzterem dagegen von 4 854 000 Hektar 4 795 000 Hektar (fast 90 Proz.) auf die eigentliche Weizenbauzone.

Die Anbauzonen für die übrigen wichtigsten Kulturpflanzen Mais,

Lein, Hafer usw. festzustellen, würde zu weit führen und erübrigt sich auch, da sie im wesentlichen mit der Weizenbauzone zusammenfallen. Die Mais- und Leinpflanzen machen ungefähr die gleichen Ansprüche an die klimatischen Bedingungen, da sie etwas größere Wärme als der Weizen vertragen können, so daß die nördlicheren Provinzen Corrientes, Santiago del Estero usw. für ihren Anbau noch in Frage kommen werden, sobald Mangel an geeigneten Böden in der Weizenregion eintreten sollte. Da die Leinpflanze große Ansprüche an die Bodenkraft stellt, kann sie nur auf sehr kräftigen, jungfräulichen Böden ohne Unterbrechung durch eine andere Pflanze zweimal nacheinander angebaut werden, daher gilt in der Weizenbauzone die Regel, daß Lein stets mit einer Unterbrechung von 5—6 Jahren auf demselben Felde gebaut wird. In den westlichen Gegenden der Provinzen Buenos Aires und Cordoba, wie auch in der Pampa Central werden Lein und Mais nur in geringerer Ausdehnung gebaut. Ersterer, weil die sandige Beschaffenheit der Böden nicht genügt, letzterer, weil die geringeren Niederschläge und besonders die Bodenfeuchtigkeit dem Wasserbedürfnis des Maises nicht entsprechen. Auch im Süden der Provinz Buenos Aires wird Mais nur vereinzelt angebaut, weil er dort in der Blüte zu häufig erfriert. Der Haferbau gewinnt in den letzten Jahren sehr an Ausdehnung, besonders im Westen und Süden der Provinz Buenos Aires, wo er vielfach auf abgebauten Weizenfeldern betrieben wird. Der Hafer gewährt den großen Vorteil, zunächst während der Wintermonate als Viehweide zu dienen, in welcher Beziehung er sehr geschätzt ist, um alsdann im Sommer zur Kornreife zu gelangen.

Von der Weizenbauzone in einer Ausdehnung von 58 Millionen Hektar waren mit

	1908 ha	1911 ha	1912 ha
Weizen . . .	4 854 087	6 253 180	6 897 000
Mais . . .	1 940 884	3 215 350	3 422 000
Lein	1 266 826	1 503 820	1 630 000
Hafer . . .	386 261	801 370	1 031 000
	8 448 058	11 773 720	12 980 000

bebaut, so daß von obiger Fläche 14,4, 20,3 und 22,4 Proz. auf den Ackerbau entfielen, ungerechnet der in kleinerem Maßstabe betriebenen

Kulturen, wie Gerste, Roggen, Kartoffeln usw. Obwohl die Ackerbaufläche in den letzten Jahren außerordentlich stark zugenommen hat, so ist dennoch der Ausdehnung des Ackerbaues unter günstigen wirtschaftlichen Verhältnissen noch viel Raum gegeben. Da aber die wertvollsten Viehzuchtländereien ebenfalls in der Getreidebauzone liegen, so ist dem Ackerbau durch die schnell fortschreitende Verbesserung des Viehstandes und durch die derzeitige vorteilhafte Verwertungsmöglichkeit der Viehzuchtprodukte ein sehr bedeutender Wettbewerb entstanden. Die fernere Entwicklung von Ackerbau und Viehzucht ist daher davon abhängig, welcher Betriebszweig sich gewinnbringender gestalten wird. Die Entwicklung des Ackerbaues ist aber auch in hohem Grade von der Anzahl der verfügbaren Arbeitskräfte, also bei der geringen Dichtigkeit der Bevölkerung im Lande, von der Einwanderung abhängig, da der Ackerbau, um in zweckmäßiger Weise betrieben werden zu können, eine verhältnismäßig größere Zahl von Arbeitern in Anspruch nimmt, als die Viehzucht bei ihrer gegenwärtigen Betriebsweise.

Ein Vergleich der Größe der Ackerbaufläche mit der Anzahl der selbständigen Ackerbauer (Besitzer, Pächter und Halbpächter) lehrt, daß die Durchschnittsfläche, die auf jeden Bebauer entfällt, außerordentlich groß ist; sie betrug im Jahre 1908 126 ha, im Jahre 1912 193 ha, hat sich also im Laufe der letzten Jahre erheblich vergrößert. Die Berechnung für das Jahr 1912 ist vermutlich nicht ganz korrekt, da ihr aus Mangel an neueren Daten die Zahl der Ackerbauer aus dem Jahre 1910 zugrunde gelegt werden mußte; jedoch ist aus dem Ergebnis der drei vorangegangenen Jahre, aus der starken Rückwanderung und aus der allgemeinen Unzufriedenheit der Pächter, die vor kurzem durch einen Streik in Teilen der Provinzen Santa Fé, Cordoba und Buenos Aires zum Ausdruck gelangt ist, anzunehmen, daß die Zahl der Ackerbauer sich nicht vergrößert haben wird.

Genauere Angaben über die Größe der Ackerbaubetriebe und deren Zahl macht die „Estadistica agricola" 1910/11 für das vorangegangene Jahr. Sie nennt eigenartigerweise nur die Weizen=, Lein=, Hafer=, Gerste=, Kanariensaat= und Roggenbaubetriebe, nicht aber die Maisbauchacras. Vermutlich handelt es sich in bezug auf letztere aber lediglich um ein Vergessen der Bezeichnung, nicht um ein gänzliches Ausschalten, da die Maisbauchacras für den argentinischen Ackerbau gegenwärtig von großer Bedeutung sind. Gerade letztere pflegen im Kleinbetriebe verhältnismäßig intensiv zu arbeiten. Nach obiger Statistik kamen im Erntejahre 1909/10 auf:

Betriebe	Anzahl der Betriebe	Prozentsatz der Betriebe
unter 10 ha	3 761	5,62 %
von 10 bis 25 ha	11 530	17,24 "
„ 26 „ 50 „	12 304	18,39 "
„ 51 „ 100 „	15 398	23,02 "
„ 101 „ 200 „	15 194	22,71 "
„ 201 „ 300 „	5 698	8,52 "
„ 301 „ 650 „	2 812	4,20 "
„ 651 „ 1000 „	143	0,22 "
über 1000 ha	56	0,08 "

Wenn die Zahl der eigentlichen Großbetriebe von über 1000 ha mit 56 oder 0,08 Proz. auch gering ist, so entfallen doch auf die Betriebe über 100 ha 35,73 Proz. Wenn ferner, wie soeben berechnet, die Durchschnittsgröße der Ackerbaubetriebe innerhalb der letzten vier Jahre von 126 auf 193 ha angewachsen ist, so darf unter den argentinischen Verhältnissen daraus auf ein Beharren bei der extensiven Betriebsweise geschlossen werden, die für den Ackerbauer dieses Landes noch immer so charakteristisch ist wie vor zwei Jahrzehnten. In erster Linie handelt es sich dabei um den Weizen= und Leinbauer, weniger um den Maisbauer. Daher bezieht sich die Vergrößerung der Bebauungsflächen auch vorwiegend auf diese beiden ersteren Kategorien, welche unverkennbar dem Prinzipe des Raubbaues in krassester Form huldigen und welchen weit eher die Bezeichnung eines Weizenbau= resp. Leinbauspekulanten, als die eines Ackerbauers zukommt.

In den bäuerlichen Wirtschaften Argentiniens bilden Betriebe, die auf der Kombination von Ackerbau und Viehzucht basiert sind, leider immer noch die Ausnahme, und sie sind nur an wenigen Stellen des Landes anzutreffen, da in den Kleinbetrieben der Chacarero sich gewöhnlich auf den Ackerbau beschränkt und nicht mehr Vieh hält, als er für die Bewältigung der Arbeit bedarf, zweifellos sehr zum Nachteil der Sicherheit der Einnahmen, da bei einem gemischten Betriebe in ungünstigen Erntejahren, wie sie in Argentinien ja leider recht häufig sind, der eine Betriebszweig den andern ergänzen würde. Abgesehen von solchen, vereinzelt über das Land verteilten bäuerlichen Wirtschaften begegnet man ihnen in den alten Schweizerkolonien in der Umgegend von Esperanza, in den Kolonien des Baron Hirsch und an einigen Orten der Provinz Entre Rios, wo letztere Ackerbauer die Geflügelzucht bisweilen in großem Maßstabe betreiben und daraus Einnahmen erzielen, die auch in ungünstigen Erntejahren zum mindesten ihre Ausgaben decken. Das ist bei den typischen Weizenbauern durchaus nicht immer der Fall, und daraus erklärt sich die starke Verschuldung der letzteren bei den Almaceneros. Da die Zahl der bodenständigen Ackerbauer im Verhältnis zu der der Pächter gering ist, werden die nachfolgenden Ausführungen von dem Pächtertum ausgehen, zumal da auch die ackerbauenden Eigentümer größtenteils aus dem Pächterstande hervorgegangen sind und daher vorwiegend die gleiche oder eine ähnliche Ackerbaumethode, jedenfalls keine verbesserte Technik beibehalten haben.

Die Technik des argentinischen Ackerbaues ist die denkbar einfachste. Das System des gewöhnlichen Weizen= und Leinbaues kann man mit der auch in Deutschland stellenweise gebräuchlichen Feldgraswirtschaft vergleichen, welche darin besteht, daß das bisherige Weideland, sei es nun jungfräulicher Boden oder vor längeren Jahren bereits als Ackerland benutzter Kamp, umgebrochen und mehrere Jahre nacheinander mit Weizen bzw. Lein bebaut wird, um alsdann wiederum der Viehzucht als Alfalfar oder als natürliche Weide zu dienen. Daß der Leinbau nur in gewissen Gegenden, auf bevorzugten Böden und in mehrjährigen Abständen betrieben werden kann, wurde bereits erwähnt. Die Dauer der ununterbrochenen Weizenfähigkeit richtet sich nach der Beschaffenheit der Böden und den klimatischen Verhältnissen. Professor Kärger erwähnte in seinen Berichten, daß in den Schweizerkolonien in der Gegend von Esperanza an einzelnen Stellen 40 Jahre nacheinander und ohne Unterbrechung auf demselben Felde Weizen gebaut worden sei, ohne daß der Boden eine Erschöpfung gezeigt habe. Diese Zeiten sind vorüber, und die dortigen Bauern haben sich bereits seit Jahren gezwungen gesehen, einen gemischten Betrieb von Ackerbau und Viehzucht einzuführen. Nur auf den allerbesten, jetzt noch verfügbaren Böden ist es möglich, 10 bis 15 Jahre nacheinander Weizen zu bauen. — Auf den typischen Weizenbauchacras ist von einer Fruchtfolge nicht zu sprechen, da gewöhnlich so lange Weizen gebaut wird, als die Bodenverhältnisse es zulassen, sofern bei dem Estanciero nicht das Interesse überwiegt, lediglich den Boden für seine Alfalfakultur durch Bebauung innerhalb eines möglichst kurzen Zeitraumes vorzubereiten. — Eine gewisse primitive Fruchtfolge läßt sich dagegen bisweilen bei den Maisbauern im Nordosten der Provinz Buenos Aires und im Süden der Provinz Santa Fé feststellen, wo Mais, Lein und bisweilen auch etwas Weizenbau miteinander wechseln, jedoch ohne jegliches Verständnis der wissenschaftlichen Vorgänge, welche einen Fruchtwechsel bedingen. Da die Pachtperioden sehr kurz bemessen sind, meistens nur 3—5 Jahre dauern und das Bestreben seitens der Verpächter besteht, sie möglichst noch weiter abzukürzen, um die Pachten von Mal zu Mal in die Höhe zu schrauben, so hat der Pächter natürlicherweise gar kein Interesse an dem gepachteten Lande. Der Boden wird andauernd in oberflächlicher Weise bearbeitet und unvermeidlich ist daher, daß er enorm verunkrautet und die Ackerkrume stark ausgesogen wird. Da der typische Weizenbauer seinen Boden nur einmal im Jahre und in geringer Tiefe von wenigen Zentimetern pflügt, ist eine Erschließung der Nährstoffe unmöglich, und eine Verarmung dieser schwachen Ackerkrume kann nicht ausbleiben, in deren Folge die Erträge äußerst niedrig und sehr unsicher sind. Besonders auf letzteren Übelstand wirkt diese Art der Bodenbearbeitung sicherlich stark ein, da die Pflanzenwurzeln auf eine ganz geringe Ackerkrume angewiesen sind und bei anhaltender Dürre um so mehr austrocknen müssen, als auch der Regen in den harten Untergrund nicht immer eindringen kann und daher sehr viel Feuchtigkeit ungenutzt verloren geht. Eine bessere Bodenbearbeitung würde zur Erhöhung und Sicherung der Erträge sehr stark beitragen, und die Weizenbauer wären bei nur einigermaßen gutem Willen wohl in der Lage, eine solche durchzuführen, da bei dem milden Klima Argentiniens für die Bestell- und Saatarbeiten der lange Zeitraum von Februar bis August zur Verfügung steht. Einer besseren Bodenbearbeitung, d. h. einem etwas tieferen zweimaligen Pflügen und späteren Behacken mit Maschinen begegnet man lediglich in der eigentlichen Maisbaugegend, weil die dortigen Ackerbauer erkennen mußten, daß der, eine große Bodenfeuchtigkeit beanspruchende Mais bei oberflächlicher Bearbeitung vollständig versagen würde. Dem argentinischen Ackerbauer ist die Bodenbearbeitung dadurch außerordentlich erleichtert, daß das große Gebiet der eigentlichen Pampa völlig steinfrei ist, wodurch sich der Bearbeitung keine Hindernisse in den Weg stellen. Wenn darüber geklagt wird, daß in Zeiten großer Trockenheit der Boden stark verhärtet, so trägt die Schuld daran lediglich die allzeit schlechte Bearbeitung, durch welche der Boden noch nie in den Zustand der Garre versetzt worden ist. Zu einer schnellen Erledigung der Arbeit tragen die Ebenheit des Terrains und die Gewohnheit, sehr lange Pflugfurchen zu machen, welche ein häufiges Wenden des Pfluges vermeiden, erheblich bei. Das ganze Bestreben des Chacareros geht darauf hinaus, die Arbeit mit möglichst geringem Aufwande in kürzester Zeit zu erledigen. Daher wird auf die Zugtiere nicht die mindeste Rücksicht genommen, die fortgesetzt zu schneller Gangart angetrieben werden. Gewöhnlich verwendet man Doppelpflüge, welche mit einem Führersitz versehen sind. Da aber sowohl die Zugtiere, wie auch die Pacht für deren Weide in den letzten Jahren sehr viel teurer geworden sind, so sind größere Landwirte vielfach zur Verwendung von Motorpflügen, die je nach der Gegend mit Holz oder Benzin oder Petroleum geheizt werden, übergegangen. Diese haben sich im ganzen bewährt, da sie auf Neuland sogar billiger, auf bereits bearbeitetem Lande nur wenig teurer als die von Tieren gezogenen Pflüge arbeiten, jedenfalls aber eine Ersparnis an menschlichen Arbeitskräften erbringen. Die Arbeitsleistung ist eine sehr erhebliche, da man je nach Art des Pfluges (1 oder 2 Scharen) und der Art der Bespannung auf frischem Kamp mehr als $1/_2$ Hektar bis $1^1/_4$, auf bereits bearbeitetem Kamp $^3/_4$ bis $1^3/_4$ Hektar täglicher Arbeitsleistung rechnet, während die Arbeit eines motorischen Pfluges auf 8—10 Hektar täglicher Leistung angegeben wird.

Die Aussaat von Getreide und Lein geschieht gegenwärtig nur noch sehr vereinzelt mit der Hand. Im wesentlichen bedient man sich der Breitsämaschine, jedoch hat letztere erfreulicherweise vielfach der Drillmaschine weichen müssen, deren Vorzüge von den Chacareros allseitig anerkannt werden. Die in Argentinien gebräuchlichen Drillmaschinen unterscheiden sich dadurch wesentlich von den deutschen, daß sie mit einem Führersitz versehen sind und daher von einem Manne bedient werden, während die deutschen Maschinen bekanntlich drei Leute beanspruchen. Die Zuführung des Kornes durch die Drillrohre ist so eingerichtet, daß ein Versagen nur äußerst selten stattfinden kann. Dem Maschinenführer fällt die nicht leichte Aufgabe zu, die sechs meistens schlecht eingefahrenen Pferde so zu lenken, daß das Feld möglichst gleichmäßig besät wird, und gleichzeitig den Ausfluß der Drillrohre zu beobachten. Die Maissaat erfolgt nur dann breitwürfig mit der Hand, wenn es sich darum handelt, im Herbst umgebrochenen frischen Kamp, der im folgenden Jahre dem Weizen= und Leinbau dienen soll, ohne erheblichen Kostenaufwand auf gutes Glück zu nutzen. Wo aber der Maisbau als eigentliche Kultur betrieben wird, pflegt man, nach=

3*

dem das Feld ein= oder zweimal, je nach Bedarf, gepflügt und geeggt worden ist, mit einem Ein= oder Zweischarpfluge, an welchem eine Dibbelmaschine befestigt ist, quer zur letzten Furche nochmals flach zu pflügen und in jede zweite Furche das Saatkorn zu versenken, welches durch die nachfolgende Furche bedeckt wird. In Betrieben, in denen der Maisbau in größerem Maßstabe betrieben wird, bedient man sich einer besonderen Dibbelmaschine, „Champion" genannt, die auf dem glattgeeggten Felde drei Reihen gleichzeitig aussät. — Für die Aussaat sind die Verhältnisse in Argentinien ungewöhnlich günstig, da sich die Saatzeit auf einen langen Zeitraum verteilt. Die Saatmenge, die auf den Hektar entfällt, beträgt durchschnittlich 60 kg Weizen bei Drill= saat und 75 kg Weizen bei Breitsaat, bei Hafer etwa 10 Proz. weniger, bei Lein 40 bzw. 50 kg und beim Mais etwa 25 kg, während ungefähr 2000 kg Kartoffeln pro Hektar gelegt werden. Im großen ganzen lehrt die Erfahrung, daß auf Neuland, auf guten Böden und bei frühzeitiger Saat geringere Mengen, auf ausgebauten Böden und bei später Saat größere Mengen von Saatgut gegeben werden. Im Vergleich mit der deutschen Landwirtschaft sind die Aussaatmengen gering, da in Deutsch= land beim Weizenbau, der allein zum Vergleiche herangezogen werden kann, nach den Angaben des landwirtschaftlichen Kalenders von Mentzel und von Lengerke, Jahrgang 1911, bei Drillsaat 100—200 kg, bei Breitsaat 120—250 kg pro Hektar ausgesät werden. Die weit gerin= geren Aussaatmengen sind durch die Extensität des Betriebes, das ge= ringere Bodenvolumen infolge flachen Pflügens, das Fehlen von Nähr= stoffzufuhr durch Düngung und durch die hohe Keimkraft, die den hiesigen Samen innewohnt, zum Teil wohl berechtigt, wenn auch an einzelnen Stellen aus falscher Sparsamkeit weniger gegeben werden mag, als es im Interesse des Ackerbaues liegt. Die hohe Keimfähigkeit der argentinischen Samen ist um so erstaunlicher, als auf die Auf= bereitung des Saatgutes nicht die geringste Sorgfalt verwandt wird. Den Aussaatmengen entsprechen die Erträge. Die Kärgersche Annahme, daß der Weizenbau in Deutschland das sechs= bis achtfache, in Argen= tinien das zwölf= bis zwanzigfache der Aussaat gäbe, trifft in der Gegenwart nicht zu, da in beiden Ländern etwa das elffache der Aus= saat geerntet wird, wobei natürlich die Verschiedenheit der Saatmengen in beiden Ländern zu berücksichtigen ist.

Eine Behandlung der Weizen= und Leinsaat während der Vegeta= tionszeit findet nur ausnahmsweise statt und beschränkt sich auf das

Ausrupfen der lästigsten Unkräuter. Dagegen pflegt man Mais und Kartoffeln nach dem Aufgehen der Saat zu eggen und ein= bis zweimal mit dem Pfluge zu häufeln.

Während die Weizenbauern resp. die Weizen= und Leinbauern bei der geschilderten Betriebsweise nach Beendigung der Saatbestellung bis zum Beginn der Ernte sich einer längeren Ruhepause erfreuen, sind diejenigen Ackerbauer, welche einen gemischten Betrieb von Mais und Lein eventuell auch Weizen haben, das ganze Jahr über in Anspruch genommen. Zwei Ernten in einem Jahre finden auf demselben Felde nicht mehr statt, wie Professor Kärger es in seinen Berichten erwähnt, wenn auch theoretisch die Möglichkeit vorliegt, da man zwischen eine Lein= und Weizenernte eine Kartoffelernte einschieben könnte, denn die Leinernte ist Mitte Januar geborgen, die Kartoffeln könnten im Februar gelegt und im Juni geerntet werden. Wenn alsdann der Boden sofort gepflügt würde, so wäre es meistens noch Zeit, den Weizen mit Aussicht auf eine Ernte auszusäen. — Außer der Beeinträchtigung durch die Unkräuter sind die argentinischen Saaten im Laufe ihrer Entwicklung mannigfachen Gefahren ausgesetzt, welche die besten Hoffnungen auf eine gute Ernte schon oft im letzten Augenblick zerstört haben. In erster Linie kommen die klimatischen Unregelmäßigkeiten in Betracht. Lange dauernde Trockenheit, wie sie in den letzten Jahren vielfach geherrscht hat, läßt die Saat nicht aufgehen und behindert ihre Entwicklung. Starke Regengüsse, Fröste, Nebel und Hagel zerstören die prächtigsten Saaten oft in wenigen Stunden. Die Fröste sind nur dann ernstlich gefürchtet, wenn sie die Pflanze in der Blütezeit oder das im vollen Safte befindliche Korn treffen. Daher sucht man sich, allerdings nicht immer mit Erfolg, durch zweckmäßige Aussaatzeiten gegen diese Gefahr zu schützen. Gegen die Verluste durch Hagelschlag bestehen eine Anzahl privater Versicherungen, teils auf der rechtlichen Grundlage der Aktiengesellschaft, teils in genossenschaftlicher Form. Die Prämien sind recht hoch, da für Weizen und Lein in der vom Hagel am meisten verschonten Provinz Buenos Aires gewöhnlich $4^{1}/_{2}$ Proz., in anderen Provinzen, besonders in einigen, der Erfahrung nach sehr gefährdeten Gebietsteilen von Cordoba bis 15 Proz., für Mais in allen Landesteilen 2 Proz. der Versicherungssumme erhoben werden. Neben den genannten Schäden bringen taube Ähren und Lagerfrucht bisweilen einige Verluste, welche jedoch im großen ganzen nicht bedeutend zu sein pflegen. Gefürchteter sind tierische und pflanzliche Schädlinge. Von ersteren ist die schlimmste Plage zweifellos die durch die Heuschrecken hervorgebrachte Vernichtung der Saaten. Um den Kampf gegen derartige Schädlinge, zu denen auch Ameisen, Nagetiere (Biscachas) usw. gehören, systematisch zu betreiben, ist vor Jahren die „Defensa agricola" staatlicherseits ins Leben gerufen worden. Sie hat bis zum Jahre 1910 bereits 55 Mill. Pesos, also etwa 100 Mill. Mark, gekostet, aber noch immer keinen Erfolg zu verzeichnen. Unter den parasitären Pflanzenkrankheiten hat der Ackerbauer nicht übermäßig zu leiden. Der Rost tritt zwar häufig beim Weizen auf, macht aber nicht großen Schaden. Mehr gefürchtet ist der Brand (Tilletia caries). Um letzteren zu bekämpfen, werden die Weizenkörner vor der Aussaat in einer Kupfervitriollösung gebadet.

Sehr erhebliche, den Betrieb des Ackerbaues außerordentlich beeinflussende Veränderungen haben die Preise des Grund und Bodens, die Landpachten und die Löhne der landwirtschaftlichen Arbeiter in den letzten $1^{1}/_{2}$ Jahrzehnten, vornehmlich aber in den letzten 5 bis 7 Jahren erfahren, und wahrscheinlich hat im Verlaufe der letztverflossenen beiden Jahre eine weitere Steigerung der genannten Faktoren stattgefunden. Im Jahre 1910 betrugen die Preise für Ackerbauland in der Provinz Santa Fé 80—660 Pesos gleich 145—1188 Mark, in der Provinz Buenos Aires 85—1200 Pesos gleich 153—2160 Mark, in der Provinz Cordoba 50—230 Pesos gleich 90—414 Mark, in der Provinz Entre Rios 70—200 Pesos gleich 136 bis 360 Mark, in San Luis 70—170 Pesos gleich 126—306 Mark, in der Pampa Central 80—160 Pesos gleich 144—288 Mark pro Hektar. Die großen Verschiedenheiten in der Höhe der Preise beruhen auf dem wirtschaftlichen Werte, je nach der örtlichen Lage und der Bodenbeschaffenheit. Auch nach deutschen Begriffen sind die Preise des Ackerbaulandes durchaus nicht mehr niedrig, da die bevorzugten Kämpe gegenwärtig bereits mit einem Preise aufgewogen werden, wie er im Osten des preußischen Staates kaum höher ist. Die Wertsteigerung des Bodens ist ungewöhnlich groß geworden. Professor Kärger legte vor 17 Jahren seinen Berechnungen einen durchschnittlichen Preis des Ackerbaulandes in Santa Fé von 36 Pesos, in Entre Rios von 30 Pesos, in Cordoba von nur 18 Pesos pro Hektar zugrunde und beschränkte sich für die Provinz Buenos Aires auf die Angabe der Pachtpreise. Nach den obigen Angaben wird man den durchschnittlichen Wert des Grund und Bodens in Santa Fé auf etwa 300, in Cordoba auf 150—200, in Entre Rios auf 100—150 Papierpesos pro Hektar annehmen können. Wenn dabei die Wertsteigerung der Valuta von etwa 350 auf 227,27 berücksichtigt wird, so ist es nicht übertrieben, die Preissteigerung des Ackerbaulandes in den letzten $1^1/_2$ Jahrzehnten auf das Zehnfache anzunehmen. Recht erheblich ist diese besonders auch auf den leichteren Böden in Cordoba gewesen, sofern sie sich zur Alfalfakultur eignen, da die Nachfrage nach solchen Böden infolge der günstigen Entwicklung der Viehzucht sehr groß ist. Die Steigerung der Bodenpreise in der argentinischen Ackerbauzone ist auf folgende Ursachen zurückzuführen:

1. Auf die Verbesserung der Verkehrsmöglichkeiten durch den schnellen Ausbau des Bahnnetzes, durch die Verbesserung der Landwege als Zufahrtstraßen zur Bahn und durch den Ausbau der bestehenden und die Anlage neuer Exporthäfen an geeigneten Stellen.

2. Auf die Bearbeitung der Kämpe für den Ackerbau und die dadurch bewirkte Verbesserung der Kämpe, da an Stelle der harten Gräser zarte, feine und nahrhafte Pflanzen traten, die teils angesät wurden, teils sich von selbst auf den gelockerten Böden einfanden.

3. Auf die Anlage von Alfalfafeldern, welche eine große Werterhöhung des Landes zur Folge hat, da auf diesen ein weitaus größerer Viehstand als auf den ehemaligen Weiden gehalten werden kann.

4. Auf die gesteigerte Nachfrage nach Kämpen infolge der gegenseitigen Konkurrenz der Chacareros, welche mit der Erhöhung der Pachtraten Hand in Hand geht.

5. Auf die gesteigerte Nachfrage nach verfeinerten Kämpen von seiten der Viehzüchter, infolge der besseren Konjunkturen für das argentinische Schlachtvieh auf dem Weltmarkte.

6. Auf die Erhöhung der Preise für die Ackerbauprodukte auf dem Weltmarkte.

7. Auf die Spekulation in Ländereien, welche in Argentinien sehr lebhaft betrieben wird.

Während die Kampbesitzer aus diesen Verhältnissen ohne eigenes Zutun große Vorteile gezogen haben, sind die Ackerbauer dadurch in eine prekäre Lage gekommen, da es in neuerer Zeit den meisten kaum noch möglich ist, in guter Lage und bei wirklich guten Bodenverhältnissen Grundbesitz zu einem Preise zu erwerben, bei dem sie, bei der gegenwärtigen extensiven Betriebsweise, mit pekuniärem Erfolg wirtschaften können. Die natürliche Folge ist, daß das Pächtersystem immer weiter an Ausdehnung gewinnt, trotzdem die Pachtpreise der Steigerung der Bodenpreise gefolgt sind. Professor Kärger geht in seinen Berichten von dem grundbesitzenden Bauernstande in den Provinzen Santa Fé, Cordoba und Entre Rios aus und nimmt für die jährlichen Kosten des Grund und Bodens eine Verzinsung von 8 Proz. des für Land und Installation investierten Kapitals an, wobei er zu einer Ausgabe von nur 3,90 Pesos in Santa Fé und 2,10 Pesos in Cordoba auf den Hektar gelangt. Die damaligen Pachtraten in der Provinz Buenos Aires gibt er in Trenque Lauquen mit 2—4 Pesos, in Sauce corto, Piqué, Tres Arroyes und Nueve de Julio mit 4—5 Pesos, in Olavaria mit 7 Pesos, in Chivilcoy mit 9—11 Pesos, in San Pedro und Baradero mit 12—14 und in La Plata und Magdalena mit 18—19 Pesos an und bezeichnet die letzteren als enorm hoch. — In der Gegenwart ist man weitaus überwiegend zu der Anteilspacht übergegangen, bei welcher die Pächter in Entre Rios und in Cordoba 12—20—30 Proz., in Santa Fé 20—45, in Buenos Aires 15—42 Proz. der Ernte an den Grundbesitzer zu bezahlen haben. Die Höhe der Pacht richtet sich nach der Lage und dem Werte des Objektes, nach seiner Entfernung von der nächsten Bahnstation und nach Nachfrage und Angebot. Die Steigerung der Pachten wurde bisher nicht unwesentlich dadurch gefördert, daß der Pächter durch die natürlichen Verhältnisse gezwungen ist, nach Ablauf seines bestehenden Vertrages auch unter ungünstigeren Bedingungen wiederum Land zu pachten, weil er das in seinem Besitze befindliche Inventar nicht ungenutzt liegen lassen kann. Neben der Höhe der Pachten sind die Ausführungsbestimmungen für den Pächter meistens recht unvorteilhaft, da die Verträge nur auf die Dauer von wenigen Jahren abgeschlossen werden und selten Klauseln enthalten, welche die Rechte des Pächters wahren. Beispielsweise begegnet man oft der Bestimmung, daß die Pächter verpflichtet sind, die Dreschmaschinen des Verpächters zu benutzen und alle Waren, einschließlich der Getreidesäcke aus dessen Almacen zu beziehen. Wenn der Pächter schon einen an sich hohen Betrag der Ernte abzugeben hat, so fällt besonders ungünstig für ihn in die Wagschale, daß ihm sämtliche Unkosten, sowohl die der Saat und Ernte, wie auch die des Ausdreschens, der Säcke, des Transportes der Ernte zur Bahnstation, nicht nur seines Anteiles, sondern auch desjenigen des Verpächters zufallen. Außerdem hat der Verpächter das Recht, sich den auf ihn

Die landwirtschaftlichen Produktionsverhältnisse Argentiniens. 41

entfallenden Anteil der Ernte auszuwählen, und der Pächter darf seinen Anteil nicht verkaufen, bevor er die Forderungen des Verpächters befriedigt hat[1].

Während nach Kärgers Angaben vor 17 Jahren die Anteilspacht, soweit sie überhaupt in Betracht kam, in Cordoba nur 5 Proz., in der Kolonie Chañarito, auf der Grenze von Cordoba und Santa Fé 10—12 Proz., an anderer Stelle 12 Proz., in den Kolonien an der argentinischen Zentralbahn 15—18 Proz. und nur in den älteren Ansiedelungen der Provinz Santa Fé, in der Gegend von Esperanza und San Carlos 20—25 Proz. der Ernte betrug, kommen so niedrige Sätze in der Gegenwart nur in sehr entlegenen Gegenden und unter sonstigen besonders ungünstigen Verhältnissen zur Anwendung. Selbst 12 bis 15 Proz. sind gegenwärtig nur selten anzutreffen, und zwar nur dort, wo sich das Land lediglich für Weizen eignet, und in weiter Entfernung von einer Bahnstation. Wo Mais und Lein gebaut werden können, werden jetzt mindestens 18 Proz., aber auch weit darüber von den Pächtern verlangt. In der eigentlichen Mais- und Leinbaugegend werden dagegen jetzt meistens 30—42 Proz. Ernteanteil erhoben. Bei dem Weizenbau dürfte die Abgabe jetzt meistens 25 Proz. betragen, sofern es sich nicht um den Ablauf älterer Verträge handelt. Auf der Grundlage der Durchschnittsweizen-, Lein- und Maispreise der letzten Jahre, sowie der geringeren Lein- und Maispreise früherer Jahre (um ungünstigen Konjunkturen Rechnung zu tragen), jeweilig frei der nächsten Bahnstation, berechnen sich die zu zahlenden Anteilspachten wie die Tabelle auf Seite 42 zeigt.

Zum Verständnis der Höhe dieser Pachten dürfte ein Vergleich mit den deutschen Verhältnissen wesentlich beitragen. Bei einer Pacht von 25 Proz., die bei der Kombination von Weizen- und Leinbau gegenwärtig vorwiegend bezahlt wird, stellt sich der dem Verpächter zufallende Anteil auf 12,0 bzw. 14,0 bzw. 21,0 bzw. 24,5 bzw. 30,0 bzw. 35,0 Pesos beim Weizenbau und auf 20,0 bzw. 34,0 bzw. 35,0 bzw. 59,50 bzw. 50,50 und 80,0 Pesos beim Leinbau, beim Mais-

---

[1] Durch den kürzlich stattgehabten Streik der Ackerbauer haben sich die Pachtbedingungen für den Pächter erheblich verbessert, da die Pachtraten herabgesetzt und manche Härten der Verträge gemildert wurden. Ob die Erfolge dauernd sein werden, muß die Zukunft ergeben.

Umrechnung der prozentualen Pachtanteile in Papierpesos bei einem Ertrage pro Hektar.

Höhe der Ernteabgabe in Prozenten	Weizen 8 Quintal zu 6 Pesos	Weizen 8 Quintal zu 7 Pesos	Weizen 14 Quintal zu 6 Pesos	Weizen 14 Quintal zu 7 Pesos	Weizen 20 Quintal zu 6 Pesos	Weizen 20 Quintal zu 7 Pesos	Lein 8 Quintal zu 10 Pesos	Lein 8 Quintal zu 17 Pesos	Lein 14 Quintal zu 10 Pesos	Lein 14 Quintal zu 17 Pesos	Lein 20 Quintal zu 10 Pesos	Lein 20 Quintal zu 17 Pesos	Mais 10 Quintal zu 3 Pesos	Mais 10 Quintal zu 5 Pesos	Mais 20 Quintal zu 3 Pesos	Mais 20 Quintal zu 5 Pesos	Mais 40 Quintal zu 3 Pesos	Mais 40 Quintal zu 5 Pesos
7	3,35	3,90	5,90	6,85	8,40	9,80	—	—	—	—	—	—	—	—	—	—	—	—
10	4,80	5,60	8,40	9,80	12,00	14,00	—	—	—	—	—	—	—	—	—	—	—	—
12	5,80	6,70	10,70	11,70	14,40	16,80	—	—	—	—	—	—	—	—	—	—	—	—
14	6,70	7,85	11,76	13,70	16,80	19,60	—	—	—	—	—	—	—	—	—	—	—	—
15	7,20	8,40	12,60	14,70	18,00	21,00	—	—	—	—	—	—	—	—	—	—	—	—
18	8,64	10,10	15,10	17,64	21,60	25,20	14,40	24,50	25,20	42,85	36,00	61,20	5,40	9,00	10,80	18,00	21,60	36,00
20	9,60	11,20	16,80	19,60	24,00	28,00	16,00	27,20	28,00	47,60	40,00	68,00	6,00	10,00	12,00	20,00	24,00	40,00
25	12,00	14,00	21,00	24,50	30,00	35,00	20,00	34,00	35,00	49,50	50,00	85,00	7,50	12,50	15,00	25,00	30,00	50,00
30	14,40	16,80	25,20	29,40	36,00	42,00	24,00	40,80	42,00	71,40	60,00	102,00	9,00	15,00	18,00	30,00	36,00	60,00
38	—	—	—	—	—	—	30,40	51,70	53,20	90,45	76,00	129,20	11,40	19,00	22,80	38,00	45,60	76,00
42	—	—	—	—	—	—	33,60	57,10	58,80	99,90	84,00	142,80	12,60	21,00	25,20	42,00	50,40	84,00
50	24,00	28,00	42,00	49,00	60,00	70,00	40,00	68,00	70,00	119,00	100,00	170,00	15,00	25,00	30,00	50,00	60,00	100,00

Die landwirtschaftlichen Produktionsverhältnisse Argentiniens. 43

bau aber bei einer Pacht von 38 Proz., die in der eigentlichen Maisbauzone als normaler Durchschnitt anzusehen ist, auf 11,40 bzw. 19,0 bzw. 22,80 bzw. 38,0 bzw. 45,60 und 76,0 Pesos pro Hektar. Zum gegenwärtigen Kurse von 227,27 in deutsche Reichswährung umgerechnet, ergeben sich folgende Pachtpreise:

21,60	25,20	37,80	44,10	54,0	63,0	Mk. pro Hektar
36,0	61,20	63,0	107,10	90,0	153,0	" " "
20,50	34,20	41,05	68,40	82,10	136,80	" " "

Demgegenüber betrugen nach einer Notiz in der „Deutschen landwirtschaftlichen Presse" vom 18. Januar 1911 die Pachtpreise der preußischen Domänen im Jahre 1910 in der

Provinz Sachsen	Mk. 89,10	pro Hektar
" Hannover	" 57,60	" "
" Pommern	" 43,30	" "
" Hessen-Nassau . . .	" 41,10	" "
" Posen	" 37,60	" "
" Westpreußen	" 25,40	" "
" Schleswig-Holstein . .	" 24,90	" "
" Ostpreußen	" 21,20	" "

und im Durchschnitte sämtlicher Provinzen 43,90 Mark im gleichen Jahre. In diese Preise sind jedoch die Pachten für die vorhandenen zahlreichen massiven Gebäude, für Brunnen oder vollständige Wasseranlagen, für Umzäunungen usw. eingeschlossen, während in Argentinien das Land ohne Haus, Stall, Brunnen und Umzäunung, also der kahle Kamp verpachtet wird und alle Einrichtungen zu Lasten des Pächters gehen, die er obendrein nur für den kurzen Zeitraum von 3—5 Jahren zu machen hat. Außerdem muß der Pächter, der zu obigen Sätzen pachtet, das lebende und tote Inventar selbst stellen und genügend Kapital besitzen, um sich und seine Familie bis zur nächsten Ernte zu erhalten, wenn er nicht in große pekuniäre Abhängigkeit von dem Almacenero bzw. dem Verpächter geraten will, was allerdings sehr häufig geschieht. Leute, die die Mittel zur Anschaffung eigenen Inventars nicht besitzen, müssen als Medianero arbeiten, also 50 Proz., bisweilen sogar 55 Proz. der Ernte an den Verpächter abgeben, und die Medianeroarbeit bildet für den unbemittelten Ackerbauer gewöhnlich den Übergang zum selbständigen Pächter. — Zu berücksichtigen ist ferner der große Unterschied in der Höhe der Verkaufspreise, denn der Doppelzentner Weizen gilt in Deutschland gegenwärtig etwa 19—20 Mark, in Argentinien aber 6 Pesos gleich 10,80 Mark bzw. 7 Pesos gleich 12,60 Mark und der Mais kostet in Deutschland 13—14 Mark, in Argentinien aber bei 3 bzw. 5 Pesos nur 5,50 Mark bzw. 9,00 Mark. Der Berechnung wurde beim Weizen= und Leinbau ein Ertrag von 8 bzw. 14 bzw. 20 Quintal und beim Mais von 10, 20 und 40 Quintal (zu 100 kg) zugrunde gelegt. 20 Quintal Weizen und Lein und 40 Quintal Mais pro Hektar gelten in Argentinien als eine recht gute Ernte, wenn bis= weilen auf kleinen Flächen auch höhere Erträge erzielt werden. 20 Quintal Weizen pro Hektar, also 10 Zentner pro preußischen Morgen, bedeuten aber nach der Statistik des Deutschen Reiches in Deutschland ungefähr den Durchschnittsertrag der letzten Jahre. Aus dem Ver= gleiche der Pachtpreise in Argentinien und Deutschland ergibt sich also, daß bei dem System der Anteilspacht die Pachtpreise in Argen= tinien eine enorme Höhe erreichen, sofern die Erträge nicht gar zu gering sind.

In welcher Höhe die Anteilspachten die gesamten Gestehungskosten belasten, geht aus dem folgenden Ergebnis eingehender Berechnungen hervor, welche an anderer Stelle gemacht wurden, deren Einzelheiten wiederzugeben, der an dieser Stelle verfügbare Raum nicht gestattet.

Der prozentuale Anteil der Pachtabgabe an der Gesamthöhe der Gestehungskosten liegt beim Weizenbau bei einer Pachthöhe von 25 Proz. der Ernte und einem Ertrage von nur 5 Quintal pro Hektar zwischen 13,4 und 19,7 Proz., bei einem Ertrage von 8 Quintal zwischen 22,6 und 32,6 Proz., bei einem Ertrage von 14 Quintal zwischen 26,0 und 38,8 Proz., bei einem Ertrage von 20 Quintal zwischen 30,0 und 41,7 Proz., bei einer Pachtabgabe von 15 Proz. zwischen 12,6 und 30,0 Proz., bei dem Ertrage von 8 bzw. 20 Quintal pro Hektar. Bei einer Pachthöhe von 30,0 Proz., die in guten Gegenden bereits vor= kommt, hat der Ackerbauer 34,0 bis 46,1 Proz. der gesamten Gestehungs= kosten abzugeben.

Verhältnismäßig niedrig sind die Pachten beim Haferbau, wo sie nach obigen Berechnungen zwischen 12,2 und 27,7 Proz. der Gestehungs= kosten liegen, da 15 Proz. der Ernte wohl gegenwärtig noch die Regel als Pacht bilden und 25 Proz. seltener in Betracht kommen.

Sehr erheblich dagegen pflegt die Pacht die Gestehungskosten beim Lein= und Maisbau zu belasten. Bei ersterem liegt der prozentuale

Anteil bei einem Ertrage von nur 5 Quintal zwischen 22,3 und 43,4, bei einem Ertrage von 8 Quintal zwischen 25,6 und 51,0 Proz., bei einem Ertrage von 20 Quintal zwischen 40,0 und 61,2 Proz., eine Pachtabgabe von 25 Proz. der Ernte, welche auf gutem Leinlande den Durchschnitt bildet, vorausgesetzt.

Beim Maisbau belastet die Pacht die Gestehungskosten mit 30,0 bis 55,5 Proz., je nach der Höhe des Pachtanteiles und des Ertrages.

Wie erwähnt, hat in neuerer Zeit die Anteilspacht die Pacht zu einem festen, baren Geldsatze größtenteils verdrängt, weil es bei letzterer üblich ist, daß der Pachtzins in halbjährigen Raten im voraus bezahlt wird, wozu dem unvermögenden Chacarero, der außerdem die nicht unerheblichen Ausgaben für die Beschaffung des Inventars und die Kosten des Lebensunterhaltes bis zur nächsten Ernte zu bestreiten hat, meistens die Mittel fehlen. Ein anderer Grund aber liegt sicherlich in der geistigen Überlegenheit des Verpächters, welcher sehr wohl erkannt hat, daß er bei nur einigermaßen normalen Ernten bei diesem System weit größere Einkünfte hat. Er versteht es denn auch ausgezeichnet, dem Pächter die Überzeugung beizubringen, daß durch diese Art der Zahlung sich das Risiko auf beide Schultern verteilt. Selbstverständlich kann bei der Anteilspacht die Zahlung erst nach Beendigung der Ernte erfolgen.

Daß das Pächtersystem unter geeigneten Bedingungen das Emporarbeiten unbemittelter Personen fördert, kann nicht bestritten werden. Die gegenwärtigen Pachtraten sind jedoch für den Pächter ruinös und haben vor kurzem zu einem Streik geführt, der von dem bevorzugtesten Produktionsgebiete, dem Süden der Provinz Santa Fé ausgegangen ist, bereits seit einem Monat währt und sich weiter zu verbreiten droht, und dessen Ausgang ungewiß ist, da die Mehrzahl der Pächter und Verpächter auf dem bisherigen Standpunkte beharrt. Die Forderungen der Pächter gehen auf eine Ermäßigung der Pachtrate und die Milderung der vielen kontraktlichen Härten hinaus. Wie wenig der Kernpunkt der Frage erkannt wird, geht daraus hervor, daß bisher von keiner Seite, weder von den Pächtern, noch von der von seiten der Estancieros um Vermittlung angerufenen Sociedad Rural von Rosario, die Forderung aufgestellt wird, die Anteilspachten in Geldpachten zu festen Raten umzuwandeln. Zweifellos sind die Anteilspachten nebst den kurzfristigen Pachtperioden, die eine bessere Bodenbearbeitung ausschließen, das größte Hindernis einer fortschrittlichen Entwicklung der Technik des argentinischen Ackerbaues, da bei dem Anteilsystem mit einer Steigerung der Ernteerträge gleichzeitig die Pachtabgaben in die Höhe gehen und bei guten Ernten die Gestehungskosten ungewöhnlich hoch belasten.

Die Durchschnittserträge der argentinischen Ernten sind aber so niedrig, daß sie in keinem Verhältnis zu den derzeitigen Bodenpreisen stehen. Daß eine Überwindung des gegenwärtigen Streikes der Ackerbauer, der sehr wahrscheinlich mit der diesjährigen Bewegung nicht beendet sein wird, nur durch Anpassung an die Forderung der Zeit, also durch Intensivierung der Betriebe zum Zwecke der Steigerung der Erträge möglich ist, ist bisher völlig unbeachtet geblieben. Obwohl die Nationalregierung durch Landwirtschaftsschulen und neuerdings gegründete landwirtschaftliche Versuchswirtschaften bemüht ist, die Chacareros für eine bessere Wirtschaftsweise zu interessieren, so ist die Hoffnung auf eine baldige Besserung des gegenwärtigen Zustandes gering, da der argentinische Chacarero nur selten ein eigentlicher Ackerbauer ist, und der weit überwiegenden Menge jedes Verständnis über Fragen fehlt, welche außerhalb des Rahmens eines sofortigen materiellen Vorteils liegen, und die außerdem einen größeren Arbeitsaufwand, als gegenwärtig erfordert, der sich möglicherweise nicht von heute auf morgen in Geld umsetzen würde.

Die gebräuchlichsten Formen der Entlohnung der landwirtschaftlichen Arbeiter sind:

1. Der Monatslohn, welcher vorwiegend auf den Estancias für die mit der Viehzucht erforderlichen Arbeiten gebräuchlich ist. Auch die Chacareros pflegen, sofern sie sich in besseren Verhältnissen befinden, je nach der Größe ihres Betriebes, ein oder mehrere Leute in dauerndem Lohnverhältnis zu erhalten. — Für die Arbeit des Pflügens werden ferner von den Ackerbauern, falls die Familienmitglieder nicht zur Verrichtung dieser Arbeiten hinreichen, fremde Arbeitskräfte für zwei oder drei Monate angenommen. Der Monatslohn pflegt zurzeit, bei der selbstverständlichen Voraussetzung der freien Gewährung von Kost und Unterhalt, wie sie allgemein für den ländlichen Arbeiter in Argentinien üblich ist, auf den Estancias in Entre Rios etwa 20 Pesos und freie Weide für ein dem Peon gehöriges Pferd, bei den dortigen ackerbauenden Russen aber 35—40 Pesos zu betragen. Im nördlichen Teile der Provinz Santa Fé, in der Gegend von Reconquista, zahlt

Die landwirtschaftlichen Produktionsverhältnisse Argentiniens. 47

man 20—25 Pesos. In der eigentlichen Ackerbauzone werden an ständige Arbeiter 35—50 Pesos monatlich bezahlt, und zwar pflegt der Lohn sich zu erhöhen, je weiter westlich der betreffende Betrieb liegt. Allerdings schwanken die Preise je nach dem Angebot von Arbeitskräften. So erhielten beispielsweise im Jahre 1911 in Tornquist die Pflüger monatlich nur 30 Pesos, gegen 40 Pesos in früheren Jahren, da infolge der geringen Ernte im ganzen Lande Arbeiterüberfluß vorhanden war.

2. Die deutsch-russischen und vereinzelt auch die italienischen Kolonisten pflegen neben einem festen Lohn den betreffenden Arbeiter an dem Ertrage der Ernte zu interessieren. Selbstverständlich werden solche Übereinkommen nur mit zuverlässigen und tüchtigen Arbeitern gemacht, welche sich größtenteils aus dem Bekannten- oder Verwandtenkreise der Chacareros ergänzen. Bei dieser Art von Arbeitsverträgen gibt es sehr verschiedene Modifikationen. In einem konkreten Falle war ein jährlicher Barlohn von 300—400 Pesos und der Ertrag von 2—3 Hektar, in dem anderen 100 Pesos und der Ertrag von 3 bis 4 Quadras, gleich 5—7 Hektar, in einem dritten 150 Pesos und der Ertrag von 4 Quadras, gleich 7 Hektar, den Arbeitern zugesichert. Der dem Arbeiter zufallende Anteil wird auf Kosten des Chacareros in Säcken auf die Eisenbahnstation geliefert und ergibt sich nicht durch Ausscheiden eines Stückes der bebauten Fläche, sondern durch Berechnung von dem Ertrage der Gesamternte.

Bei einem Barlohn von 100 Pesos und dem Ertrage von 4 Quadras gleich 7 Hektar entfallen beispielsweise beim Weizenbau auf den Anteil des Arbeiters bei einer Ernte von 8 Quintal zu 6 Pesos und bei einer Ernte von 20 Quintal zu 7 Pesos 336—980 Pesos. Werden aber $5/6$ Weizen und $1/6$ Leinsaat gebaut, so erhält der Peon (Arbeiter) bei einem Ertrage von 8 Quintal 472 Pesos und bei einem Ertrage von 20 Quintal 1310 Pesos im Jahre. Selbstverständlich soll diese Berechnung nur einen ungefähren Überblick über die Verdienstverhältnisse des Anteilarbeiters geben, da die Erträge sowohl unterhalb, innerhalb, wie oberhalb der eben genannten Grenzen liegen werden. Im großen ganzen ist dieses Vertragsverhältnis für den Arbeiter günstig, da es ihm in guten Jahren großen Gewinn abwirft, ihm bei dem normalen Ertrage von 8 Quintal pro Hektar zu niedrigem Preise 472 Pesos, also den normalen Monatslohn einbringt und er bei wirklich schlechten Ernten nur verhältnismäßig wenig Arbeit zu verrichten hat.

Der Arbeitgeber hat ebenfalls ein erhebliches Interesse an dieser Form der Entlohnung, da er auf zuverlässige Arbeitskräfte rechnen kann und im Verhältnis zu seinem eigenen Verdienste zu zahlen hat.

3. Einen festen Monatslohn und eine Prämie auf die geleistete Arbeit erhält gewöhnlich der Maschinist bei den Dreschmaschinen, und zwar pflegt der Unternehmer 100—120 Pesos pro Monat und 8 bis 10 Centavos für jeden erdroschenen Doppelzentner (Quintal) an ihn zu bezahlen, in der Erkenntnis, daß der schnelle Fortgang der Arbeiten sehr wesentlich durch den Maschinisten gefördert oder auch aufgehalten werden kann, je nachdem er es versteht, die Leute zur Arbeit anzuhalten. Da eine gut arbeitende Maschine täglich 300—400 Quintal Weizen oder Lein ausdreschen kann, so ist der Verdienst eines Maschinisten meistens sehr hoch. Die Maschinenbesitzer, die nicht selbst ihre Maschine bedienen, entschließen sich zu dieser Ausgabe, damit der Maschinist sich Mühe gibt, die an sich häufig notwendig werdenden Reparaturen nach Möglichkeit zu vermeiden, weil diese durch die erforderlichen Ersatzstücke außerordentlich teuer werden und ein Stillstand der Maschine um so mehr vermieden werden muß, weil die laufenden Ausgaben sich wesentlich dadurch erhöhen, daß die Arbeiter, sofern man sie nicht entläßt, fortdauernd beköstigt werden müssen, auch an Tagen, an denen sie nicht beschäftigt sind. Daher findet auch an Sonntagen keine Unterbrechung der Arbeit statt.

4. Während der Ernte werden die Arbeiten oft in Akkord vergeben, um die Ausführung zu beschleunigen. In den Provinzen Buenos Aires und Cordoba wird oftmals die gesamte Arbeit des Weizen- und Leinmähens mit der Köpfmaschine (Espigadora), des Zusammenfahrens und Einmietens derart vergeben, daß 6 (bisweilen auch 7 Leute) pro Quadra (1,67 Hektar) je 1,00 bis 1,20 bis 1,40 Pesos erhalten. Die erforderlichen Pferde, den Jungen zum Wechseln der Pferde und die Beköstigung stellt der Chacarero. Wenn die Leute bei günstiger Witterung gemeinsam täglich 6—7 Quadras einernten, so ist ihr Verdienst recht hoch; allerdings werden auch ungewöhnlich große Anforderungen an die Arbeitsleistung der Leute gestellt, welchen nur sehr kräftige Männer standhalten können. Auch tragen die Leute das Risiko der Verzögerung der Arbeiten durch ungünstiges Wetter. Sofern sich die Arbeit auf 6 Leute verteilt, so beträgt unter günstigen Umständen der tägliche Verdienst jedes Mannes 6—7—7,20—8,40—9,80 Pesos; wenn sie sich auf 7 Leute verteilt, so

Die landwirtschaftlichen Produktionsverhältnisse Argentiniens. 49

beläuft er sich auf 5,15—6—7—6,20—7,20—8,40 und 9,80 Pesos bei freier Beköstigung.

5. Vielfach werden die Arbeiten auch in Tagelohn verrichtet, und zwar sowohl die gewöhnlichen Viehzuchtarbeiten auf den Estancias, wie namentlich die Erntearbeiten. Die Estancias zahlen gewöhnlich einen weit geringeren Lohn, da sie die Leute das ganze Jahr über beschäftigen, und zwar im Winter 1,50, im Sommer 2,00 Pesos; jedoch ist die monatliche Entlohnung auf den Estancias weit mehr im Gebrauch. Die Tagelöhne beim Ackerbau richten sich wesentlich nach der Art der Beschäftigung. Besonders hoch ist gewöhnlich der Führer der Mähmaschine bezahlt, weil dieser die Verantwortung dafür trägt, daß möglichst wenig Getreide auf dem Felde verbleibt, und weil von seiner Arbeit diejenige aller übrigen abhängt, da die anderen Leute mit dem Fortschaffen und Einmieten des Getreides unbedingt folgen müssen. Gewöhnlich leistet der kleinere Chacarero die Arbeit des Maschinisten selbst. Ist er aber gezwungen, fremde Leute zu verwenden, so erhält der sogenannte Maquinista einen Tagelohn von 5—6, bisweilen auch 8 Pesos. In etwa gleicher Höhe hält sich auch der Lohn des Mannes, der die Getreidemieten setzt (emparvador) und die Verantwortung für die gute Ausführung der Arbeit hat, da von seiner Arbeit die Widerstandsfähigkeit der Mieten gegen die Unbilden der Witterung abhängt. Der Tagelohn der anderen bei der Ernte beschäftigten Leute beträgt zurzeit ungefähr 3—5 Pesos. In gleicher Höhe halten sich auch die Löhne der Arbeiter bei der Dreschmaschine. Nur für die Bedienung der Maisentkörnungsmaschinen werden gewöhnlich etwas geringere Sätze in Anwendung kommen, da das Maisdreschen in die arbeitsknappe Zeit fällt, wo die Leute sich mit geringeren Löhnen zufrieden geben. Abgesehen von den körperlich weniger anstrengenden Arbeiten des Kochs, Pferdejungen, Nachtwächters, die mit $2^1/_2$—$3^1/_2$ Pesos pro Tag bezahlt werden, ist also damit zu rechnen, daß die Tagelöhne in der Ernte, je nach der Art der Arbeiten, zwischen 4—6, auch 8 Pesos (im Akkord auch mehr) betragen können, wobei selbstverständlich Mangel oder Überfluß an Arbeitskräften ausschlaggebend ist. Professor Kärger berichtet dagegen, daß die Monatslöhne zu seiner Zeit auf den Estancias 20—25 Pesos, bei den Chacareros 30—35 Pesos, bisweilen, jedoch nur ausnahmsweise 40 Pesos betragen haben, daß aber auch häufig bei großem Angebot der Monatslohn bei den Ackerbauern auf 20 Pesos

herabgesunken sei. Zurzeit wird nur auf entlegeneren Estancien, in den östlichen Provinzen, wie oben gesagt, 20—25 Pesos Monatslohn bezahlt, während in der Ackerbauzone der gewöhnliche Lohn zwischen 35 und 50 Pesos pro Monat beträgt. Die Höhe der Erntelöhne wird von Kärger auf 3—4, bisweilen auch 5 Pesos angegeben, jedoch gleichzeitig erwähnt, daß bei starkem Angebot die Löhne auch auf 2 bis 2,50 Pesos hinabgegangen seien. Wenn man ferner berücksichtigt, daß zur Zeit der Kärgerschen Berichte der Goldkurs zwischen 300 und 350 schwankte und er jetzt auf 227,27 festgelegt ist, so ist es zweifellos, daß die Löhne im Laufe der letzten 15 Jahre eine Erhöhung von 50 bis 100 Proz. gefunden haben, eine Steigerung, die auf die Produktionskosten empfindlich einwirken muß.

Hauptsächlich ziehen aus der Erhöhung der Löhne die Erntearbeiter und von diesen an erster Stelle die italienischen Wanderarbeiter (Golondrinas) Nutzen, die nur während der Saison in Argentinien bleiben, und diesen kommt der hohe Goldkurs sehr zustatten, da sie ihre Ersparnisse in der Heimat mit großem Vorteil umwechseln können. Sie sind aber um so mehr in der Lage, Ersparnisse zu machen, da sie für ihren Lebensunterhalt nicht zu sorgen haben, solange sie in fremden Diensten stehen. Daher erklärte sich auch der starke alljährliche Zuzug von Wanderarbeitern bis zum Konflikte der argentinischen mit der italienischen Regierung bezüglich der Einwanderungsfrage im Jahre 1911, in dessen Folge die direkte Auswanderung von Italien nach Argentinien seitens der italienischen Regierung verboten wurde und zurzeit noch nicht wieder freigegeben ist. Im übrigen hat eine eingehendere Untersuchung ergeben, daß ein Mangel an landwirtschaftlichen Arbeitskräften noch nicht eingetreten ist, wenn die Landwirte im Jahre 1911 zeitweilig auch in betreff der Einbringung der Ernte in Sorge waren. Bisher dürfte die Steigerung der Löhne nicht auf einen dauernden Mangel an Arbeitskräften zurückzuführen sein, sondern eine Folge der allgemeinen Lohnerhöhung sein, die sich in neuerer Zeit in allen Kulturstaaten der alten und neuen Welt geltend macht.

Die Kosten der Verpflegung der Arbeiter haben sich im Laufe der $1^1/_2$ Jahrzehnte nicht erheblich geändert, da sie von Kärger mit 0,50 bis 1,00 Pesos pro Mann und Tag angegeben werden und sich gegenwärtig auf 0,60 bis 1,20 Pesos belaufen, wobei allerdings die Wertsteigerung des Papiergeldes unberücksichtigt bleibt. Dagegen be=

Die landwirtschaftlichen Produktionsverhältnisse Argentiniens. 51

klagen sich in dem gegenwärtigen Streit die Kolonisten oftmals darüber, daß ihre Lebenshaltung stets teurer werde, woran allerdings die große pekuniäre Abhängigkeit infolge von Verschuldung zum allergrößten Teile Schuld sein mag.

Die Ernte des Getreides und der Leinsaat geschieht in Argentinien ausschließlich mit Maschinen, diejenige des Maises durch Abpflücken der Kolben mit der Hand, da geeignete Maschinen zu letzterer Arbeit trotz mehrfacher Versuche noch nicht konstruiert worden sind.

Gegenwärtig verwendet man zum Mähen des Getreides:

Die Köpfmaschine (Espigadora), welche bei einer täglichen Arbeitsleistung von 12 Hektar zur Ernte von 160 bis 200 Hektar Weizen- oder Leinland hinreicht. Das in beträchtlicher Höhe über dem Boden geköpfte Getreide wird durch eine besondere Vorrichtung automatisch auf nebenherfahrende Erntewagen geladen. Sie ist die typische Maschine für den extensiven Großbetrieb.

Die Bindemaschine (Atadora) ist den in Deutschland gebräuchlichen Bindemaschinen sehr ähnlich. Tägliche Arbeitsleistung bei 7 oder 8 Fuß Breite 6 Hektar. Sie genügt für eine Chacra von 100 Hektar.

Die kombinierte Köpf- und Bindemaschine vereinigt die Vorteile beider Maschinen. Bei einer Schnittfläche von 12 Fuß beträgt die tägliche Arbeitsleistung 10 Hektar. Sie bewältigt die Arbeit einer Chacra von 160 Hektar.

Die kombinierte Mäh- und Dreschmaschine (Australiana) köpft das Getreide und drischt es unmittelbar aus. Sie eignet sich nur für Gegenden mit trockenem Klima, beansprucht gutes und reichliches Angespann und erfordert bei schneller Abnutzung viele Reparaturen. Tägliche Arbeitsleistung bei einer Arbeitsbreite von 5 Fuß 5 Hektar. Sie genügt daher für eine Chacra von 80 Hektar.

Die Leinmähmaschine hat eine Arbeitsbreite von 5 Fuß und eine tägliche Arbeitsleistung von 5 Hektar. Sie wird nur in Kleinbetrieben verwandt, wo keine der vorgenannten Maschinen vorhanden ist.

Die Zahl der Mähmaschinen in Argentinien hat in den letzten Jahren sehr zugenommen. Im Jahre 1888 waren 16 669, im Jahre 1895 36 187 und im Jahre 1908 68 486 Stück im Gebrauch.

Das Dreschen des Getreides und der Leinsaat geschieht ausschließlich, das Entkörnen des Maises vorwiegend mit Dampfdreschmaschinen. Die Zahl der Dreschsätze betrug im Jahre 1888 818, im

52 E. Pfannenschmidt.

Jahre 1895 2851 und im Jahre 1908 4862. Die tägliche Arbeitsleistung der Getreidedreschmaschinen beträgt 300—550 Doppelzentner, diejenige der Maisentkörnungsmaschinen etwa 1000 Doppelzentner.

Um ein Urteil über die Rentabilität des Ackerbaues zu gewinnen, ist es erforderlich, zunächst die Gestehungskosten für die einzelnen Kulturen festzustellen. Auf Grund eingehender Berechnungen an anderer Stelle, welche wiederzugeben der verfügbare Raum nicht gestattet, betragen beim Weizenbau, je nach der Bearbeitung neuen (jungfräulichen) oder alten Bodens und je nach besonderen Umständen, die Kosten auf dem Hektar für:

1. Umbrechen des Kampes	Pesos (5,50)	bis	6,90
2. Zweimal Eggen	„	„	2,00
3. Pflügen	„ 2,70	„	4,60
4. Breitsäen bzw. Drillen einschl. Saatgut	„ 6,25	„	8,75
5. Hagelversicherung	„ 1,35	„	4,50
	Pesos 10,30	bis	26,75

Auf Grund der Ergebnisse unter 1—5 berechnen sich die ferneren Kosten bei einem Ertrage von 8 Quintal (Doppelzentner) pro Hektar wie folgt:

Ausgaben unter 1. bis 5.	Pesos 10,30	bis	26,75
Weizensteuer 8 Centavos pro Quintal	„ 0.64	„	0,64
12 Säcke zu 20 Centavos	„ 2,40	„	2,40
Dreschen	„ 12,80	„	18,00
Karrenfracht auf 3 Leguas zu 10 Centavos pro Quintal und Legua	„ 2,40	„	2,40
	Pesos 28,54	bis	50,19
15 % Pacht zu 6 Pesos pro Quintal	„ 7,20	„	7,20
Summe der Ausgaben	Pesos 35,74	bis	57,39
Einnahme 8 Quintal zu 6 Pesos	„ 48,00	„	48,00
Gewinn oder Verlust	Pesos + 12,26	bis	— 9,39
	Pesos 28,54	bis	50,19
15 % Pacht zu 7 Pesos pro Quintal	„ 8,40	„	8,40
Summe der Ausgaben	Pesos 36,94	bis	58,59
Einnahme 8 Quintal zu 7 Pesos	„ 56,00	„	56,00
Gewinn oder Verlust	Pesos + 19,06	bis	— 2,59
	Pesos 28,54	bis	50,19
25 % Pacht zu 6 Pesos pro Quintal	„ 12,00	„	12,00
Summe der Ausgaben	Pesos 40,54	bis	62,19
Einnahme 8 Quintal zu 6 Pesos	„ 48,00	„	48,00
Gewinn oder Verlust	Pesos + 7,46	bis	— 14,19

Die landwirtschaftlichen Produktionsverhältnisse Argentiniens. 53

```
                                        Pesos 28,54 bis 50,19
25 % Pacht zu 7 Pesos pro Quintal . . . . .   „  14,00  „  14,00
                         Summe der Ausgaben Pesos 42,54 bis 64,19
Einnahme 8 Quintal zu 7 Pesos . . . . . . .   „  56,00  „  56,00
                        Gewinn oder Verlust Pesos +13,46 bis −8,19
```

Auf Grund analoger Berechnungen ergeben sich folgende Gewinne bzw. Verluste:

(Siehe Tabelle S. 54.)

Bei den Berechnungen erschien es zweckmäßig, von dem Ackerbau auf gepachtetem Lande auszugehen, weil

1. die Zahl der Pächter größer ist, als die der bodenständigen Ackerbauer und

2. weil auf Grund der früheren Feststellungen die Höhe der Pachtraten genau bekannt, während die Verzinsung des in Grund und Boden investierten Kapitals sehr ungleich hoch zu veranschlagen ist, sowohl der örtlichen Lage und der Bodenqualität nach, als weit mehr noch nach der Zeit des Ankaufs der Chacra, da die Bodenwerte in den letzten Jahren so stark gestiegen sind.

Die Berechnungen begründen sich auf Durchschnittswerten, die der Praxis des Ackerbaues entlehnt sind, und weit zahlreichere Modifikationen sind natürlich möglich, als an dieser Stelle berücksichtigt werden können. Die Kosten der Einrichtung der Chacra und der Lebenshaltung des Chacareros wurden aus der Berechnung ausgeschaltet, und es wurde vorausgesetzt, daß sämtliche Arbeiten mit fremden Arbeitern verrichtet werden, um die Berechnungen zu vereinfachen. Die entstehenden Mehrkosten kompensieren sich annähernd durch die laufenden Ausgaben, die dem Chacarero für seinen und seiner Familie Unterhalt im Laufe des Jahres entstehen. Die Verkaufspreise der Produkte bleiben für Weizen unter dem Durchschnittspreise der letzten zwei Jahre. Die Preise der Leinsaat sind in den letzten Jahren oftmals höher als 17 Pesos gewesen. Um aber den Preisen früherer Jahre und einem etwaigen starken Preissturze Rechnung zu tragen, wurden die Berechnungen für einen Verkaufspreis von 10 Pesos hinzugefügt. In ähnlicher Weise wurde beim Mais verfahren. 5,00 Pesos für 100 Kilogramm dürfte der Durchschnittspreis der letzten Jahre, abgesehen von dem vorletzten Jahre mit vollständiger Mißernte und daher sehr hohen Preisen (10—11 Pesos pro Quintal) und dem Jahre 1911/12 mit

Bei einem Ertrage pro Hektar von	Bei einem Verkaufspreise pro Quintal von	Bei einer Pachtabgabe von	Gewinn bzw. Verlust in Papierpesos pro Hektar
5 Quintal Weizen	6 Pesos	25 o/o	— 23,00 bis — 1,05
5 " "	7 "	25 "	— 19,25 " + 2,70
8 " "	6 "	15 "	— 9,39 " + 12,26
8 " "	7 "	15 "	— 2,59 " + 19,06
8 " "	6 "	25 "	— 14,19 " + 7,46
8 " "	7 "	25 "	— 8,19 " + 13,46
14 " "	6 "	25 "	+ 2,71 " + 24,62
14 " "	7 "	25 "	+ 13,21 " + 35,12
20 " "	6 "	15 "	+ 31,65 " + 53,30
20 " "	7 "	15 "	+ 48,65 " + 70,30
20 " "	6 "	25 "	+ 19,65 " + 41,30
20 " "	7 "	25 "	+ 34,65 " + 56,30
20 " "	6 "	30 "	+ 13,65 " + 35,30
20 " "	7 "	30 "	+ 27,65 " + 49,30
3 Quintal Lein	10 "	25 "	— 25,65 " — 0,95
3 " "	17 "	25 "	— 9,90 " + 14,80
5 " "	10 "	25 "	— 14,60 " + 9,90
5 " "	17 "	25 "	+ 11,65 " + 36,15
8 " "	10 "	25 "	+ 2,40 " + 26,60
8 " "	17 "	25 "	+ 44,40 " + 68,60
20 " "	10 "	25 "	+ 72,60 " + 96,60
20 " "	17 "	25 "	+ 177,60 " + 201,60
10 Quintal Hafer	4 "	15 "	— 8,85 " + 4,10
10 " "	6 "	15 "	+ 8,15 " + 21,10
10 " "	4 "	25 "	— 12,85 " + 0,10
10 " "	6 "	25 "	+ 2,15 " + 15,10
20 " "	4 "	15 "	+ 8,15 " + 21,10
20 " "	6 "	15 "	+ 42,15 " + 55,10
20 " "	4 "	25 "	+ 0,15 " + 13,10
20 " "	6 "	25 "	+ 30,15 " + 43,10
10 Quintal Mais	3 "	30 "	— 13,75 " — 4,20
10 " "	5 "	30 "	+ 0,25 " + 9,80
10 " "	3 "	38 "	— 16,15 " — 6,60
10 " "	5 "	38 "	— 3,75 " + 5,80
20 " "	3 "	30 "	— 10,15 " + 4,90
20 " "	5 "	30 "	+ 17,85 " + 32,90
20 " "	3 "	38 "	— 14,85 " + 0,10
20 " "	5 "	38 "	+ 9,85 " + 24,90
40 " "	3 "	30 "	— 2,80 " + 23,25
40 " "	5 "	30 "	+ 53,20 " + 79,25
40 " "	3 "	38 "	— 12,40 " + 13,65
40 " "	5 "	38 "	+ 37,20 " + 63,25

Die landwirtschaftlichen Produktionsverhältnisse Argentiniens. 55

Rekordernte, sein. Um niedrigen Preisen, wie im laufenden Jahre Rechnung zu tragen, wurde die Berechnung zum Preise von 3,00 Pesos hinzugefügt. Sämtliche Verkaufspreise verstehen sich für 100 kg und frei Einlieferungsstation. — Um der Wirklichkeit möglichst nahe zu kommen, wurden ferner den Berechnungen die höchsten und niedrigsten Gestehungskosten zugrunde gelegt, die sich aus früheren Berechnungen ergeben hatten. — Die Karrenfracht wurde verhältnismäßig niedrig angenommen, da 3 Leguas Entfernung der Chacra von der Bahnstation und 10 Cts. bei Weizen, Lein und Hafer und 15 Cts. beim Mais für den Quintal und die Legua ein günstiger Durchschnitt ist.

Die baren Unkosten des Chacareros können bisweilen etwas geringer, als die berechneten Ausgaben sein, wenn die Benutzung der teuer arbeitenden Bindemaschine (Atadora) beschränkt wird, oder wenn bei deren Verwendung die Arbeiten nach und nach mit Hilfe der Familienmitglieder oder einer geringen Zahl fremder Leute ausgeführt werden, und wenn die Ausgaben für die Karrenfrachten dadurch vermieden werden, daß das Getreide mit eigenem Gespann zur Bahn gefahren wird. — Der Notwendigkeit der Abschreibung für die Abnutzung des toten und lebenden Inventars wird sich der gewöhnliche Chacarero wohl selten bewußt werden, doch kommt er um dieselbe tatsächlich nicht herum, da die im Verlaufe der Ernte unbedingt notwendig werdenden Reparaturen an den Maschinen und der Ersatz gefallener Zugtiere Aufwendungen erfordert, die sich in der Höhe der in Rechnung gesetzten Abschreibung halten. Einen erheblichen Teil der Einnahme haben die meisten Chacareros, besonders Anfänger, für die Verzinsung entliehener Kapitalien aufzuwenden, da sie oft einen großen Teil des Inventars von dem Kolonisator oder von dem Almacenero vorschußweise erhalten haben und auch vielfach genötigt sind, bis zur kommenden Ernte für ihren Unterhalt und für die Beköstigung und Entlohnung der Erntearbeiter Kredit in Anspruch zu nehmen, der namentlich dann recht teuer wird, wenn mehrere schlechte Ernten einander folgen, so daß die Schuld nicht abgetragen werden kann und Verzugszinsen zu zahlen sind.

Obige Berechnungen zeigen, daß beim Weizenbau bei einem Ertrage von 5 Quintal pro Hektar nur ganz ausnahmsweise die Unkosten gedeckt werden, und daß nur bei hohen Verkaufspreisen ein geringer Überschuß erzielt wird, daß ferner bei einem Ertrage von 8 Quintal es nur bei größter Beschränkung der Betriebskosten und guten Verkaufspreisen möglich ist, zu einem bescheidenen Überschuß zu gelangen.

Bei höheren Erträgen sind die Gewinne nicht unbedeutend. Bei einer Ernte von 14 Quintal pro Hektar werden zwischen 270 und 3500 Pesos Überschuß auf 100 Hektaren erzielt. Bei 20 Quintal pro Hektar — gleich nur 10 Zentner pro preußischen Morgen — schwankt der Reingewinn bei einer Pachtabgabe von 25 Proz. zwischen 1965 und 5630 Pesos, bei 15 Proz. Pacht zwischen 3165 und 7030 Pesos, bei 30 Proz. Pacht zwischen 1365 und 4930 Pesos; jedoch gehören Durchschnittserträge in solcher Höhe zu den Seltenheiten.

Bei den hohen Verkaufspreisen, welche die Leinsaat in den letzten Jahren erzielt, liegt die Grenze der Produktionsmöglichkeit weit tiefer als beim Weizenbau. Bei einem Ertrage von nur 3 Quintal pro Hektar ($1^1/_2$ Zentner pro Morgen) und 25 Proz. Pacht arbeitet der Chacarero stets mit Verlust, wenn der Verkaufspreis nur 10 Pesos pro Quintal beträgt; steigt der Preis aber auf 17 Pesos, so entsteht in vier konstruierten Fällen nur bei sehr hohen Produktionskosten eine Unterbilanz, und der Überschuß kann bereits bis 14,80 Pesos pro Hektar betragen. — Bei einem Ertrage von 5 Quintal und 25 Proz. Pacht verbleibt unter günstigen Produktionsbedingungen selbst zum Preise von 10 Pesos noch der geringe Überschuß von 2,60 Pesos bzw. 9,90, während bei hohen Produktionskosten mit Verlust gearbeitet wird. Bei dem Verkaufspreise von 17 Pesos verbleibt dagegen in allen Fällen ein Überschuß, der zwischen 11,65 und 36,15 liegt.

Bereits bei einem Ertrage von 8 Quintal zu 10 Pesos pro Quintal arbeitet der Chacarero selbst bei den teuersten Produktionskosten, also auf frischem Kamp und bei hohen Löhnen, in keinem Falle mehr mit Verlust. Dagegen ist der Reingewinn bei höheren Erträgen in einzelnen Fällen sehr groß, da er bei 8 Quintal zu 17 Pesos zwischen 44,40 und 68,60 Pesos, bei 20 Quintal zu 10 Pesos zwischen 72,60 und 96,60 und bei 20 Quintal zu 17 Pesos zwischen 177,60 und 201,60 Pesos pro Hektar liegt. Selbst unter den gegenwärtigen teuren Produktionsverhältnissen ist der Leinbau also recht lohnend, sofern die Erträge nicht gar zu gering sind.

Beim Haferbau schwankt das Ergebnis bei einem Ertrage von 10 Quintal, 15 Proz. Pacht und 4 Pesos pro Quintal zwischen einem Verlust von 8,85 Pesos und einem Gewinn von 4,00 Pesos; bei einem Preise von 6 Pesos wird unter gleichen sonstigen Bedingungen ein

Die landwirtschaftlichen Produktionsverhältnisse Argentiniens. 57

Gewinn von 8,15 Pesos bis 21,10 pro Hektar erzielt. Bei einer Pacht von 25 Proz. wird bei dem gleichen Ertrage nur bei dem Verkaufspreise von 6 Pesos ein bescheidener Gewinn erzielt. Bei einem Ertrage von 20 Quintal und 15 Proz. Pacht gestaltet sich der Haferbau bei guten Preisen recht lohnend, da der Reingewinn zum Preise von 6 Pesos 4215 bzw. 5510 Pesos pro 100 Hektar beträgt; bei dem Verkaufspreise von nur 4 Pesos aber sinkt der Überschuß auf 815 bzw. 2110 Pesos pro 100 Hektar herab. Bei 25 Proz. Pacht wäre es selbst bei 20 Quintal nur möglich, einen nennenswerten Reinertrag zu erzielen, wenn die Verkaufspreise nicht zu niedrig sind.

Der Maisbau ist erst durch die höheren Verkaufspreise rentabel geworden, denn die Berechnungen lassen erkennen, daß bereits bei einer Ernte von nur 10 Quintal pro Hektar bei 5 Pesos pro Quintal ein Überschuß erzielt wird, wenn nicht hohe Betriebskosten und hohe Pachten zusammentreffen. Bei einem Ertrage von 20 Quintal pro Hektar werden 9,85 bis 32,90 Pesos, bei 40 Quintal pro Hektar 37,20 bis 79,25 Pesos Reingewinn pro Hektar erzielt, sofern alle Arbeiten von fremden Leuten ausgeführt werden. Zum Preise von 3 Pesos pro Quintal würde dagegen der Chacarero bei der Ernte von 10 Quintal stets mit Verlust arbeiten. Auch bei 20 Quintal wird nur unter sehr günstigen Produktionsbedingungen ein geringer Reingewinn erzielt. Bei 40 Quintal, also bei einer recht guten Ernte, verbleibt bei niedrigen Betriebskosten ein Überschuß von 13,65 bzw. 23,25 Pesos pro Hektar, je nach der Höhe der Pacht; bei hohen Betriebskosten arbeitet der Chacarero aber wiederum mit Verlust. Bei der gegenwärtigen Höhe der Pachten, die in besonders günstiger Lage auf 42 und 45 Proz. der Ernte hinaufgehen, bietet also der Maisbau bei einem Verkaufspreise von 3 Pesos pro Quintal keine Chancen. Allerdings pflegt in den typischen Maisbaubetrieben, die meistens nicht mehr als 50 Hektar umfassen, die Arbeit vorwiegend von den Familienmitgliedern, also ohne fremde Arbeitskräfte ausgeführt zu werden, weil sowohl die Bestellungs- wie auch die Erntearbeiten sich auf einen längeren Zeitraum verteilen, als bei den früher besprochenen Kulturen und weil insbesondere für die Ernte reichlich Zeit vorhanden ist, da es für die Qualität des Kornes sogar vorteilhaft ist, wenn der Mais in der Staude gut austrocknen kann. Durch die Ersparnis an Ausgaben für fremde Arbeitskräfte ist also dem Maisbauer die Möglichkeit gegeben, vorübergehend auch bei niedrigen Verkaufspreisen ohne Verlust zu produzieren. — Bei höheren Pachten pflegen die Kosten des Ausdreschens, der Säcke und des Abfahrens zur Bahn dem Pächter, wie dem Verpächter zu seinem Teile zuzufallen. Bei geringeren Pachtraten aber hat der Pächter den gedroschenen Mais eingesackt auf der Station oder auf der Chacra abzuliefern.

Die Grenze der Rentabilität der einzelnen Kulturen läßt sich mit absoluter Genauigkeit nicht feststellen, da eine Anzahl von Faktoren das finanzielle Ergebnis stark beeinflußt. Als solche kommen in Betracht: Die Differenz der Unkosten auf frischem oder bereits bearbeitetem Kamp, die Höhe der Löhne und der sonstigen Ausgaben, der Kaufpreis des Landes bzw. die Höhe der Pachten, der Anteil der eigenen Arbeit des Chacareros und seiner Familie und endlich die Höhe der Verkaufspreise der Produkte. Immerhin geben die Berechnungen sehr wichtige Anhaltspunkte zur Beurteilung der Frage der Rentabilität des Ackerbaues, da die Produktion aufhört, einen Gewinn abzuwerfen, wenn beim Weizenbau die Erträge unter 5—8 Quintal, beim Leinbau unter 3—5 Quintal, beim Haferbau unter 10—20 Quintal und beim Maisbau unter 10—20 Quintal auf den Hektar sinken.

Nach der vom Ministerium für Landwirtschaft herausgegebenen „Estadistica agricola 1910" berechnen sich die Durchschnittserträge wie folgt:

Erntejahr	Weizen kg	Lein kg	Mais kg
1890/1891	703	—	—
1891/1892	742	—	—
1892/1893	996	—	—
1893/1894	1216	—	—
1894/1895	835	—	—
1895/1896	559	600	1800
1896/1897	344	—	—
1897/1898	559	—	—
1898/1899	893	660	2000
1899/1900	851	633	1400
1900/1901	607	642	2000
1901/1902	465	466	1517
1902/1903	764	544	2100
1903/1904	817	637	2120
1904/1905	837	700	1563
1905/1906	647	580	1822
1906/1907	745	700	640
1907/1908	909	800	1271
1908/1909	701	684	1510
Durchschnitt obiger Jahre	749	637	1645

Obige Durchschnittserträge, die aus dem Ergebnis einer langen Reihe von Jahren festgestellt wurden, fallen also beim Weizen- und Maisbau ungefähr mit der Grenze der Gewinn und Verlust bringenden Produktion zusammen, während sich der Leinbau ein wenig günstiger gestaltet. In betreff des Haferbaues fehlen die Angaben der Statistik, jedoch kommt nach gelegentlichen Berichten das Ergebnis ungefähr dem des Weizen- und Maisbaues gleich. Allerdings pflegen die Haferträge in Argentinien ganz besonders unsicher zu sein. Es ergibt sich also, daß die wirtschaftliche Lage des argentinischen Ackerbauers im großen ganzen durchaus nicht glänzend ist, da seine Einkünfte zur Bestreitung der notwendigsten Ausgaben gerade hinreichen, vorausgesetzt, daß er nicht von einer gar zu großen Schuldenlast erdrückt wird, was allerdings häufig genug der Fall sein soll.

Wohl ist es möglich, daß der argentinische Chacarero in guten Erntejahren erhebliche Überschüsse macht, jedoch sind die wirklich günstigen Jahre, auch nach argentinischem Maßstabe, verhältnismäßig recht selten, und der Bauer hat das Risiko der schlechten Jahre natürlich auch immer auf sich zu nehmen. Auf das Heraufarbeiten zu der selbständigen Existenz eines unabhängigen Grundeigentümers darf der mittellose Pächter daher nur dann rechnen, wenn er das Glück hat, mehrere gute Ernten in rascher Folge zu haben, und es versteht, das Gewonnene durch sehr große Sparsamkeit festzuhalten. Daher ist der heutige Pächter seiner sozialen Stellung und seinem Einkommen nach in der Mehrzahl der Fälle kaum etwas anderes, als ein selbständig arbeitender Lohnarbeiter. Wenn in früheren Jahren der argentinische Ackerbauer unter dem Einflusse niedriger Verkaufspreise bisweilen auch hart um seine Existenz kämpfen mußte, so hatte er wenigstens den großen Vorteil, zu billigem Preise Land erwerben zu können und damit die Aussicht auf eine spätere Selbständigkeit, die ihn bei sparsamer Lebenshaltung infolge der Wertsteigerung des Bodens allmählich zum wohlhabenden Manne werden ließ. Unter den gegenwärtigen Verhältnissen erscheinen die Aussichten zur Erreichung dieses Zieles sehr gering.

Die geringe Rentabilität des Ackerbaues ist die Folge davon, daß der Steigerung der Produktionskosten die Erhöhung der Erträge nicht gefolgt ist. Wären die Verkaufspreise der landwirtschaftlichen Produkte auf dem Weltmarkte in den letzten Jahren nicht so erheblich gestiegen, so könnte der argentinische Ackerbauer bei den gegenwärtigen

Gestehungskosten überhaupt nicht mehr mit wirtschaftlichem Erfolge produzieren.

Von der Verteuerung der Gestehungskosten werden mehr oder minder sämtliche beteiligten Faktoren betroffen, von denen besonders hervorzuheben sind:

Die auf das Doppelte gesteigerten Anschaffungskosten für das Zugvieh und die weit größeren Kosten für die Ernährung der Tiere infolge der Steigerung des Bodenwertes.

Die enorme Erhöhung des Bodenwertes, sowie die entsprechende Steigerung der Landpachten.

Die Erhöhung der Löhne der landwirtschaftlichen Arbeiter.

Annähernd in gleicher Höhe sind die Preise für die landwirtschaftlichen Maschinen und die Verpflegungskosten der Arbeiter geblieben, sofern der Chacarero die Mittel zum direkten Bezuge von den Großhändlern hat. Dagegen wird sehr darüber geklagt, daß der Unterhalt der Familie durch die Steigerung der Preise aller Bedarfsartikel durch die hohen Aufschläge des Zwischenhandels sehr viel teurer geworden sei.

Daß das System des extensiven Ackerbaues in Argentinien in den letzten Jahren einen völligen Mißerfolg aufzuweisen hat, geht aus der traurigen pekuniären Lage der Pächter, deren großer Unzufriedenheit und der Verminderung der Zahl der selbständigen Ackerbauer hervor.

Eine Steigerung der Erträge wäre bei gutem Willen der beteiligten Kreise ohne große Schwierigkeiten möglich. Zu diesem Zwecke kämen die Erhaltung und Erhöhung der Bodenkraft durch bessere Bodenbearbeitung, Fruchtwechsel und die Verwendung besseren Saatgutes ertragreicher Sorten in Betracht, während auf den nährstoffreichen Böden Argentiniens von einer kostspieligen Düngung vorläufig Abstand genommen werden kann. Nach eingehenden Berechnungen an anderer Stelle entfallen beim Weizenbau bei einem Ertrage von 8 Quintal pro Hektar zu 6 Pesos bei 25 Proz. Pacht auf das Umbrechen des Kampes 11 Proz., auf das Eggen 3,2—4,2 Proz., auf das Pflügen 5,6—8,7 Proz. und auf das Saatgut 8,5—11,5 Proz., bei 20 Quintal und sonst gleichen Bedingungen auf das Umbrechen des Kampes 6,2—6,9 Proz., auf das Eggen 2,0—2,3 Proz., auf das Pflügen 3,1 bis 5,0 Proz. und auf das Saatgut 4,7—6,4 Proz. der Gestehungskosten. Bei 20 Quintal Lein zu 17 Pesos bei 25 Proz. Pacht entfallen auf das Umbrechen des Kampes sogar nur 3,6—4,3 Proz., auf das Eggen 1,2

Die landwirtschaftlichen Produktionsverhältnisse Argentiniens. 61

bis 1,4 Proz., auf das Pflügen 1,8—3,0 Proz. und auf das Saatgut 4,1—5,6 Proz. der Gestehungskosten, während allein auf die Pachten beim Weizenertrage von 8 Quintal 20—30 Proz., beim Weizenertrage von 20 Quintal 30—38 Proz. und beim Leinertrage von 20 Quintal 52,4—61,0 Proz. entfallen. Es ist daher nicht zu verkennen, daß bei gutem Willen eine bessere Bodenbearbeitung und die Verwendung guten Saatgutes leicht durchzuführen wären. Hierdurch würden die Erträge ungleich höher und sicherer werden, da bei den gegenwärtigen Arbeitsmethoden, abgesehen von einer enormen Verunkrautung des Bodens, die Pflanzenwurzeln nur auf wenige Zentimeter in den Boden eindringen können, weil der nie bearbeitete Untergrund steinhart ist, und die Wurzeln daher bei lange währender Trockenheit verdorren und außerdem die schwache Ackerkrume in kurzer Zeit gänzlich erschöpft wird.

Es erscheint dringend notwendig, auf die Möglichkeit der Steigerung der Erträge durch bessere Bodenbearbeitung usw. hinzuweisen, ohne welche Argentiniens Stellung als Ackerbauland auf dem Weltmarkte keine große Zukunft haben dürfte, weil aus Mangel an Arbeitskräften, deren Zuzug bei ungünstigen Erwerbsbedingungen sich eher vermindern, als vergrößern wird, nur ein Teil des geeigneten Landes bebaut werden kann. Ob die Erkenntnis der Notwendigkeit einer Steigerung der Erträge sich in absehbarer Zeit Bahn brechen wird, steht noch durchaus dahin, da bei dem gegenwärtigen Streik der Ackerbauer noch von keiner Seite der eigentlichen Ursache der schlechten Lage des Ackerbauers, nämlich der geringen Erträge und der Unsicherheit der Erträge, Erwähnung getan worden ist.

Wie außerordentlich niedrig die Erträge des argentinischen Ackerbaues sind, geht aus den Berechnungen des schwedischen Statistikers Gustav Sundbärgs (Aperçus statistiques internationaux, Stockholm 1908) hervor, nach denen von 22 Ackerbauländern Argentinien hinsichtlich des Durchschnittsertrages an Weizen im Jahrfünft 1901/1905 erst an neunzehnter Stelle stand, und nur noch Rußland, Australien und Algier geringere Erträge aufzuweisen hatten. Während Dänemark 29,56 dz, Deutschland 18,44 dz, Kanada 14,35 dz, die Vereinigten Staaten von Nordamerika 9,40 dz pro Hektar produzierten, entkamen nach Sundbärgs Berechnungen in Argentinien nur 7,03 dz auf die gleiche Fläche.

Trotzdem stand Argentinien nach der „Estadistica agricola 1910" im Jahre 1908/1909 an erster Stelle sämtlicher Exportländer der Welt, da zur Ausfuhr gelangten:

			Weizen in 1000 Tonnen
1908/09	aus	Argentinien	2 980
"	"	Vereinigten Staaten von Nordamerika	2 952
"	"	Rußland	2 625
"	"	Canada	1 640

			Lein in 1000 Tonnen
1909	"	Argentinien	887
"	"	Indien	230
"	"	Rußland und Donauländer	87
"	"	Nordamerika	32

			Mais in 1000 Tonnen
1908/09	"	Argentinien	2 276
"	"	Donauländer	848
"	"	Vereinigten Staaten von Nordamerika	753
"	"	Rußland	536

Die Höhe der Exportmengen der verschiedenen Länder schwankt allerdings sehr erheblich von Jahr zu Jahr, je nach dem Ausfall der Ernten.

Besonders trifft diese Erscheinung auch für Argentinien zu, wo für den Export verfügbar waren:

	Weizen	Lein	Mais	Hafer
	in 1000 Tonnen			
1891/1892	495	42	445	—
1893/1894	1663	276	772	—
1896/1897	180	162	374	—
1898/1899	2011	217	1116	5
1899/1900	1880	223	713	8
1900/1901	1139	339	1112	2
1901/1902	608	340	1193	19
1902/1903	1834	594	2104	26
1903/1904	2499	880	2470	29
1904/1905	3027	655	2222	17
1905/1906	2522	538	2694	52
1906/1907	3020	764	1277	143
1907/1908	3909	1056	1712	440
1908/1909	2790	887	2273	421
1909/1910	2066	605	2660	371
1910/1911	2293	443	130	525
1911/1912	(3000)[1]	(500)	(5000)	(850)

[1] Die Zahlen in Klammern schätzungsweise.

Die landwirtschaftlichen Produktionsverhältnisse Argentiniens. 63

In Kürze sei nur als besonders charakteristisch hervorgehoben, daß beim Weizenbau im Jahre 1907/1908 bei einer besäten Fläche von 5759987 ha 3909000 t, im Erntejahr 1909/1910 aber bei einer um etwa 100000 ha vergrößerten Anbaufläche nur 2066000 t, also kaum mehr als die Hälfte exportiert werden konnten. Noch deutlicher kommen die Verhältnisse beim Leinsaat- und Maisexport in der Statistik zum Ausdruck. An Leinsaat kamen im Jahre 1907/1908 bei einer Anbaufläche von 1391467 ha 1056000 t, im Jahre 1910/1911 dagegen bei der um mehr als 100000 ha vermehrten Anbaufläche nur 443000 t zur Ausfuhr. An Mais wurden im Jahre 1905/1906 bei einer besäten Fläche von 2717300 ha 2694000 t exportiert, in dem Jahre der gänzlichen Mißernte 1910/1911 bei 3215350 ha Ansaat nur 130000 t.

Die große Ausfuhr Argentiniens beruht nicht vornehmlich auf der Höhe der Produktion, sondern auf dem geringen Konsum im Lande infolge der niedrigen Bevölkerungsziffer. Vergleichsweise sei erwähnt, daß an Weizen im Jahre 1908 geerntet wurde in:

```
Vereinigten Staaten von Nordamerika   17 944 000 Tonnen
Rußland . . . . . . . . . . . . . . .  15 240 000    "
Argentinien. . . . . . . . . . . . .    4 250 000    "
Canada. . . . . . . . . . . . . . .    3 470 000    "
```

Gerade dieser Umstand verdient eine besondere Beachtung, da infolge einer Riesenernte in Argentinien, wie sie in einem klimatisch günstigen Jahre sehr wohl möglich ist, sich dessen Konkurrenz auf dem Weltmarkte in ungeahnter Weise fühlbar machen kann. Nimmt man, um ein Beispiel herauszugreifen, an; daß im Jahre 1908/1909 auf dem Hektar anstatt 701 kg, die doppelte Menge, also rund 1400 kg Weizen (7 Zentner pro preußischen Morgen) geerntet worden wären, so hätte sich die Produktion auf 8488200 t erhöht. Von dieser wäre der gleiche Bedarf an Saatgut mit 480000 t und für den Konsum mit 980000 t, wie in normalen Jahren, insgesamt 1460000 t in Abzug zu bringen, so daß für den Export 7028200 anstatt 2790086 t (an anderer Stelle derselben Statistik auf 2980000 t angegeben!!) verfügbar gewesen wären. Anstatt der nach der „Estadistica agricola 1910" auf 13216000 t berechneten Gesamtausfuhr aller Exportländer würde sich diese auf 17264200 t erhöht haben, und würde der argentinische Anteil daran dann 41 Proz. anstatt 23 Proz. betragen haben. Der argentinische Weizenexport würde dann erheblich größer geworden sein, als der größte jährliche Weizenexport der Vereinigten Staaten von Nordamerika während der letzten zehn Jahre. Bei erweiterter Anbaufläche müßte sich diese Gefahr naturgemäß steigern. Beim Lein-, Hafer- und Maisbau treffen die gleichen Verhältnisse zu. Bei der diesjährigen Rekordmaisernte, welche die größte je dagewesene Erntemenge von schätzungsweise $6^1/_2$ Millionen Tonnen erreichen wird, berechnet sich der Durchschnittsertrag auf nur zirka 2000 kg pro Hektar.

Eine derartige problematische Berechnung, wie sie soeben zum Zwecke der Beweisführung angestellt wurde, kann sich früher oder später sehr wohl in die Wirklichkeit umsetzen, und sich sogar in noch weit schärferer Form verwirklichen, denn ein Durchschnittsertrag von 14 Quintal liegt auch in Argentinien im Bereich der Möglichkeit, zumal wenn die Erkenntnis der Notwendigkeit der Intensivierung des Ackerbaues sich Bahn brechen sollte und wenn es alsdann lohnend würde, größere Flächen, als bisher, dem Ackerbau nutzbar zu machen. Die Gefahr einer zeitweilig oder periodisch auftretenden stärkeren Konkurrenz argentinischer Ackerbauprodukte auf dem Weltmarkte ist daher nicht von der Hand zu weisen. Ob sie jemals in die Erscheinung treten wird, hängt neben der Möglichkeit einer ausnahmsweisen Rekordernte davon ab, ob die Argentinier es verstehen werden, sich den Forderungen der Zeit anzupassen, indem sie die Einkommensverhältnisse des Ackerbauers so gestalten, daß er Freude an seiner Arbeit findet und wirtschaftlich vorankommt, so daß die vorhandenen Arbeiter dem Lande verbleiben und neue Arbeitskräfte in hinreichender Zahl zuströmen.

Die Entwicklung des Ackerbaues steht ferner im engsten Zusammenhang mit derjenigen der Viehzucht, da beide Zweige der Landwirtschaft vorwiegend in der gleichen Anbauzone betrieben werden und derjenige naturgemäß sich am besten entwickeln wird, welcher den größten Nutzen bietet.

Die klimatischen Bedingungen Argentiniens sind, wie eingangs dieses Berichtes geschildert wurde, der Landwirtschaft und insbesondere der Viehzucht größtenteils recht günstig, da das, selbst in der kälteren Jahreszeit im großen ganzen ziemlich milde Klima, während des ganzen Jahres die Haltung der Tiere auf freiem Felde zuläßt, so daß nur wenige, besonders wertvolle Tiere der Stammherden in Ställen gehalten werden. Dennoch verdienen die Extreme der Witterung, die in Gestalt von Dürren und allzu großer Feuchtigkeit, von

Die landwirtschaftlichen Produktionsverhältnisse Argentiniens.

starker Hitze und eisigen Winden auftreten, und welche oftmals sehr große Verluste an Tieren herbeigeführt haben, aufmerksame Beachtung. Während beispielsweise im Jahre 1910 in den meisten Gegenden des Hauptproduktionsgebietes monatelang kein Tropfen Regen gefallen ist, waren im Jahre 1911 Niederschläge von 180—200 mm an einem Tage und 400—500 mm im Monat keine Seltenheit.

Unter zu großer Feuchtigkeit pflegen die Rinder- und Pferdeherden nicht zu leiden, sondern im Gegenteil, in solchen Jahren gut zu gedeihen, da alsdann der Überfluß an Weidefutter die Entwicklung der Tiere fördert. Dagegen erzeugt der überreiche Graswuchs und der ständig feuchte Boden unter den Schafherden eine Erkrankung der Hufe und einen starken Befall von Wurmkrankheiten, welchen oft große Herden zum Opfer fallen. Die Statistik läßt erkennen, daß, während der durchschnittliche jährliche Export von Schaffellen aus Argentinien ungefähr 10 Millionen beträgt, der jährliche Durchschnitt in dem Jahrfünft 1895/99 15,3 Millionen, in dem Jahrfünft 1900/04 15,6 Millionen und im Jahre 1909 13,6 Millionen betrug, woraus sich berechnen läßt, daß in dem Jahrzehnt 1895—1904 etwa 54 Millionen Schafe mehr als im gewöhnlichen Durchschnitt getötet resp. eingegangen sind, woraus sich die starke Verminderung der Schafzucht in Argentinien erklärt. Die „Estadistica agricola 1910" gibt zu, daß in dem genannten Zeitraume, besonders in der Provinz Buenos Aires, enorme Verluste zunächst durch Trockenheit und dann durch Überschwemmungen stattgefunden haben, wie auch im Jahre 1909 eine gewaltige Zahl von Schafen verendet ist. Während die Schafe unter der Dürre nur dann erheblichen Schaden leiden, wenn es an gutem und hinreichendem Trinkwasser fehlt und wenn der Kamp ungewöhnlich kahl ist, ist die Trockenheit für die Rinder sehr viel verhängnisvoller, da letztere weit weniger die Fähigkeit haben, eine dürftige Weidegelegenheit auszunutzen. — Solange hinreichend Futter vorhanden ist, pflegt der Viehstand unter den Unbilden der Witterung nicht sehr zu leiden. In futterarmen Jahren sind dagegen auch unter dem Rinderbestande die Verluste oft sehr groß. Am stärksten treten sie stets auf, wenn andauernder Regen mit eisigen Stürmen gepaart ist. Im Jahre 1910 sind allein in einem Teile der Provinz Santa Fé etwa $1/2$ Million Rinder durch die Unbilden der Witterung eingegangen.

Dem Pflanzenwuchs pflegen Fröste, die gewöhnlich nur von kurzer Dauer sind, nur wenig zu schaden. Auf den natürlichen Kämpen mit starken Gräsern findet ein Erfrieren der Pflanzen überhaupt nicht statt. Der Kampmann behauptet sogar im Gegenteil, daß die harten Gräser durch den Frost leichter verdaulich werden, wie auch Hafer, Gerste und Roggen, die in neuerer Zeit als Winterfutter mit allerbestem Erfolg angesät werden, da sie reichliches und gutes Futter liefern, durch den Frost den bitteren Geschmack verlieren, den sie im Jugendstadium haben und alsdann weit lieber vom Vieh aufgenommen werden. Die zarten (pasto tierno) Gräser, sowie die Luzerne (Alfalfa) leiden dagegen durch starken Frost bisweilen einigen Schaden.

Die Verbesserung der Grasnarbe geschieht vorzugsweise durch Bearbeitung des Bodens für die Zwecke des Ackerbaues. Eine Aussaat von zarten, nahrhaften Gräsern findet nur sehr vereinzelt statt, da man die Wiederbesamung der ungebrochenen Kämpe der Natur überläßt, sobald der Ackerbau aufhört. Wohl aber ist die Ansaat von Alfalfa in den letzten 20 Jahren dort sehr in Aufnahme gekommen, wo die natürlichen Verhältnisse den Anbau ermöglichen, da gute Alfalfares eine weit größere Ernährungskapazität haben, als die natürlichen Weiden, von welcher Regel auch die allerbesten pasto tierno-Kämpe kaum eine Ausnahme machen. Letzteren gegenüber haben die Alfalfares aber auch den großen Vorzug der größeren Sicherheit des Ertrages, weil die Alfalfa tief, die pasto tierno-Pflanzen aber sehr flach wurzeln, so daß die Alfalfapflanzen andauernde Trockenheit gut überstehen, während die pasto tierno-Pflanzen in solchen Zeiten versagen. Von einem guten Alfalfafelde verlangt der hiesige Viehzüchter, daß es 15 bis 20 Jahre ausdauert und während des ganzen Jahres, je nach der Jahreszeit, mehr oder minder reichlich Futter gibt, während Alfalfares in ungeeigneter Gegend nur 4—6 Jahre ausdauern. Die Tauglichkeit eines Bodens für den Alfalfabau wird dadurch bestimmt, daß der Untergrundwasserspiegel nicht gar zu tief, jedenfalls nicht tiefer als 15 bis 18 Meter unter der Erdoberfläche liegt, da die Alfalfawurzeln sehr tief in den Boden hineingehen und dadurch in Zeiten von Trockenheit ihren Wasserbedarf aus dem Untergrunde decken können. Um das Eindringen zu ermöglichen, darf der Boden nicht gar zu schwer sein, daher eignen sich die leichteren durchlässigen Böden besonders gut für den Alfalfabau. Ferner dürfen die Wurzeln im Boden nicht auf undurchdringliche Hindernisse stoßen, und solche sind an vielen Stellen der weiten Pampa, insbesondere im Südwesten und Süden der Provinz Buenos Aires und in der Provinz Entre Rios durch die Toska, eine starke verhärtete Kalklehmschicht gegeben, welche an vielen Stellen recht flach unter der Ackerkrume liegt. In der Provinz Entre Rios soll diese Toskaschicht vielfach mit sog. Salitre (Salpeter) durchsetzt sein, wobei es sich jedoch um schädliche Chlorverbindungen und nicht um Salpeter handeln dürfte. Die eigentliche Alfalfazone Argentiniens liegt in dem nordwestlichen Teile der Provinz Buenos Aires, dem Nordosten der Pampa Central, dem Südosten der Provinz San Luis und dem Süden der Provinz Cordoba, jedoch eignen sich auch zahlreiche Böden der Provinz Santa Fé ganz ausgezeichnet für diese Kultur. Eine genaue Abgrenzung der Alfalfazone ist nicht möglich, da praktische Versuche ständig eine Erweiterung der bisherigen Fläche ergeben. Auch in der eigentlichen Alfalfazone ist noch lange nicht alles geeignete Land unter diese Kultur gebracht, da sie mit der Weizen= und Leinbauregion zusammenfällt. Nach dem Censo agropecuario waren im Jahre 1908 mit Alfalfa bebaut: in der Provinz Buenos Aires 1,5 Mill. Hektar oder 4,9 Proz. der Gesamtfläche, in der Provinz Santa Fé 690000 Hektar oder 5,3 Proz. der Gesamtfläche, in der Provinz Cordoba 1,2 Mill. Hektar oder 7,2 Proz. der Gesamtfläche, in Entre Rios 69000 Hektar oder 0,9 Proz. der Gesamtfläche, in der Provinz San Luis 166000 Hektar oder 2,2 Proz. der Gesamtfläche und in der Pampa Central 295 000 Hektar, die von der Gesamtfläche nur einen kleinen Teil einnehmen. Insgesamt waren ungefähr 4 Millionen Hektar mit Alfalfa besät. Zu dieser Alfalfafläche kommen nach dem genannten Zensus noch 1,5 Millionen Hektar mit anderen Futterpflanzen besäte Kämpe (welch letztere Fläche allerdings in dem Zensus erheblich überschätzt sein dürfte) hinzu, so daß 5,5 Millionen Hektar künstlich angelegter Weiden vorhanden sein sollen, während das statistische Jahrbuch für das Deutsche Reich in Deutschland im Jahre 1910 8 762 800 Hektar Wiesen und Weiden berechnet. Die Anlage der Alfalfares ist verhältnismäßig einfach. Auf den besseren Böden in Santa Fé, Cordoba und Buenos Aires wird die Alfalfa stets erst angesät, nachdem das Feld einige Jahre dem Weizen= bzw. Leinbau gedient hat, um den Boden von den harten Büschelgräsern des Pasto fuerto zu reinigen. Die Ansaat geschieht mit oder ohne Überfrucht. Als solche dient gewöhnlich Lein, da dieser mit seinem niedrigen Stroh die Alfalfapflanze nicht so stark unterdrückt, wie der Weizen. Die Ansaat in Überfrucht geschieht aus Sparsamkeitsrücksichten, da hierbei die Bearbeitung des Feldes von den Pächtern unentgeltlich ausgeführt wird und dem Kamp=

besitzer nur die geringen Kosten des Aussäens der Alfalfa zufallen. Wenn diese Methode den Vorzug der Billigkeit hat, so ist sie sicherlich nicht als die beste zu bezeichnen, denn zweifellos wird die Alfalfapflanze bei guter Entwicklung des Leins zu stark beschattet und unterdrückt; auch werden ihr durch die anspruchsvolle Leinpflanze Nährstoffe in großer Menge entzogen. Auf frischen, verhältnismäßig wenig in Anspruch genommenen Kämpen ist diese Methode wohl zulässig, auf abgebauten Kämpen dürfte sie sich keineswegs empfehlen. Der größte Nachteil für die spätere Leistungsfähigkeit der Alfalfares besteht aber bei dieser Methode darin, daß der Boden durch den Ackerbau nicht gereinigt, sondern im Gegenteil stark verunkrautet wird, denn natürlicherweise legen die Pächter weit größeren Wert darauf, von den Überfrüchten möglichst große Ernten zu erzielen, als dem Verpächter das Feld gründlich vorzubereiten. Bei dem derzeitigen Pachtsystem sind die Kampbesitzer bei den kurzfristigen Pachtperioden trotz besonderer Bestimmungen in den Pachtverträgen in dieser Beziehung ziemlich machtlos. Durch eine etwas sorgfältigere Bodenbearbeitung würde die Ertragsfähigkeit und die Dauer der Alfalfares sehr erhöht werden können, denn zweifellos sind auf guten Böden die Unkräuter der größte Feind der Alfalfares, da oft mehr als die Hälfte des Feldes von Unkräutern eingenommen wird, die keinen oder einen nur geringen Wert für die Ernährung der Tiere haben, aber den Luzernepflanzen den Platz rauben.

Während, wie gesagt, die Alfalfa vielfach in Überfrucht eingesät wird und dann lediglich die Kosten für die Arbeit des Aussäens und des Saatgutes entstehen, geben sorgsame Wirte auf besseren Böden, je nach Erfordernis, eine oder zwei Pflugfurchen und zwei bis drei Eggenstriche. Alsdann gestalten sich die Kosten auf den Hektar folgendermaßen:

Erste Pflugfurche 2,70 bis 4,60 Pesos pro Hektar } im	Pesos	4,00
Zweite „ je nach Boden und Witterung } Mittel	„	4,00
Dreimal Eggen je 1 Pesos pro Hektar	„	3,00
Drillen	„	0,80
Aussaat, 18 Kilogramm zu 1 Pesos	„	18,00
	Pesos	29,80

Auf den leichten Böden der Pampa Central und der Provinz San Luis stellt sich die Anlage dadurch etwas billiger, daß die Bearbeitung des Bodens geringeren Aufwand erfordert. — Im Durchschnitt kostet die Anlage von Alfalfares etwa 30 Pesos für den Hektar. 18 Kilogramm Saat sind jedoch nur genügend, wenn die Saat rein ist und eine hohe Keimkraft aufweist. Wenn also die Anlage der Alfalfares in Anbetracht der großen Flächen mit sehr beträchtlichen Kosten verbunden ist, so pflegen sich die Ausgaben auf guten, ausdauernden Alfalfares durch die Steigerung der Erträge reichlich bezahlt zu machen.

In Gegenden, die sich zur Alfalfakultur nicht eignen, sowie auch zur Bereicherung des Winterfutters neben der Alfalfa werden in den letzten Jahren Winterweiden durch Ansaat von Hafer, bisweilen auch in Gemenge mit Gerste und Roggen angelegt, die sich ausgezeichnet bewährt haben, da sie ein reichliches und gutes Futter liefern, sofern es an Feuchtigkeit nicht fehlt. Derartige Weiden sind besonders in den Toskagegenden, also im Süden und Südwesten der Provinz Buenos Aires, sehr geschätzt, haben aber auch an anderen Stellen eine starke Verbreitung gefunden. Im Vergleich zu der Anlage der Alfalfares sind die Anlagekosten der Haferweiden gering, da das Saatgut weit billiger und auch der Arbeitsaufwand viel geringer ist. Die Kosten berechnen sich auf den Hektar etwa folgendermaßen:

Einmal Pflügen	Pesos 4,00
Zweimal Eggen	" 1,00
65 Kilogramm Saatgut zu 5,00 Pesos pro Quintal	" 3,25
Kosten des Säens	" 0,40
	Pesos 8,65

Bei günstiger Witterung kann das Feld ein- bis zweimal je einen Monat geweidet werden, und man rechnet auf 100 Hektar 100 bis 200 Stück Großvieh, so daß die Ernährungsfähigkeit, allerdings nur vorübergehend, eine größere ist als die der Alfalfares. Da die Haferfelder nach der winterlichen Weidenutzung gewöhnlich zur Saatgewinnung liegen bleiben, so wird aus dem Verkauf des Saatgutes vielfach eine höhere Rente bezogen, als die Saat- und Erntekosten betragen haben.

Von sehr großer Bedeutung für das Gedeihen des Viehstandes und die Rentabilität der Betriebe ist die zweckmäßige und ständige Versorgung der Tiere mit gutem Trinkwasser. In dieser Beziehung sind die Provinzen Entre Rios und Corrientes vor den anderen Landesteilen bevorzugt, da sie nicht nur eine große Zahl von Flüssen, Bächen und Lagunen haben, sondern da auf dem welligen Terrain auch die Möglichkeit gegeben ist, Talsperren, sog. Tacamares, einzurichten, deren

Herstellung wesentlich billiger als die von Brunnen ist. Ein großer Vorteil des Tränkewassers in Entre Rios und Corrientes besteht ferner darin, daß überwiegend, wenn nicht ausschließlich, Süßwasser vorhanden ist. In dem großen Gebiete des Paranastromes, in den Provinzen Buenos Aires, Santa Fé, Cordoba, San Luis, auch in der Pampa Central und im Norden des Landes ist das nur selten der Fall, hier hat das Wasser vorwiegend mehr oder minder salzigen und an manchen Stellen sogar bitteren Geschmack. Ein nicht zu starker Salzgehalt des Wassers ist dem Viehzüchter durchaus nicht unerwünscht, da das Salz die Verdauung der Tiere befördert; dagegen ist das Bitterwasser derart ungeeignet, daß es den Wert des Kampes ganz erheblich herabsetzen kann. In solchem Falle bleibt keine andere Möglichkeit, als die bestehenden Brunnen außer Betrieb zu setzen und gutes Wasser in tieferen Bodenschichten aufzusuchen, zu welchem Zwecke oft Bohrungen von hundert und sogar mehreren hundert Metern notwendig werden. Die Wasserversorgung der Tiere ist in neuerer Zeit sehr verbessert worden. An Stelle der primitiven Schöpfanlagen bzw. der Pferdegöpel bedient der argentinische Viehzüchter sich gegenwärtig vorzugsweise amerikanischer Windmühlen in Verbindung mit großen Wasserreservoiren, deren Herstellung zwar erheblich teurer ist, dafür aber vielfache Vorteile gewährt. Die teuren Arbeitskräfte zur Bedienung der früheren primitiven Anlagen kommen fast gänzlich in Fortfall, das Wasser kann aus größeren Tiefen heraufbefördert werden und ist daher ständig frisch und von besserer Beschaffenheit, endlich wird bei hinreichend großen Sammelbecken die Gefahr vermindert, daß die Tiere Mangel leiden, eine Notwendigkeit, welche bei der Verfeinerung des Viehstandes und dessen höheren Werten sowie bei der Steigerung der Zahl der Tiere infolge der Verbesserung der Kämpe unabweisbar wurde.

Die obigen Aufzeichnungen lassen erkennen, daß die natürlichen Bedingungen für die Viehzucht in Argentinien im großen ganzen recht günstige sind, wenn auch bei vielen Gelegenheiten der Fürsorge der Viehzüchter noch mannigfache Möglichkeiten gegeben sind, um den Schädigungen, die dem Viehstande durch die klimatischen Unregelmäßigkeiten gelegentlich drohen, durch praktische Maßnahmen vorzubeugen. Daß in den letzten zwei Jahrzehnten für die Hebung der Viehzucht durch Schaffung verbesserter Weiden, sorgsamere Überwachung der Herden und durch Veredlung des Viehstandes sehr viel geschehen ist,

Die landwirtschaftlichen Produktionsverhältnisse Argentiniens. 71

muß durchaus anerkannt werden, und die nationalen Zensen vom Jahre 1888, 1895 und 1908 geben umfangreiches Material zur ziffernmäßigen Beurteilung der Frage an die Hand.

Der Bestand an Haustieren der wichtigsten Gruppen war folgender:

	Rinder	Schafe	Pferde	Esel	Maultiere	Schweine	Ziegen
	1000 Stück						
1888	21 962	66 706	4 236	417		394	1 894
1895	21 702	74 379	4 447	198	285	653	2 749
Differenz	— 260	7 673	211	—	—	259	855
desgl. in % der Ziffern v. 1888	— 1,2	11,5	5	—	—	65,4	45,1
1908	29 117	67 211	7 531	285	255	1 404	3 945
Differenz	7 415	—7 168	3 084	87	180	751	1 196
desgl. in % der Ziffern v. 1895	34,1	— 9,8	69,3	44,0	63,2	115,0	43,5

Die Zahlen der Statistik lassen eine gewaltige Entwicklung der argentinischen Viehzucht mit Ausnahme der Schafe erkennen. Während in dem achtjährigen Zeitraume von 1888 bis 1895 der Rinderbestand um 260 000 Tiere oder 1,2 Proz. abgenommen hat, hatte sich der Pferdebestand um 211 000 Tiere oder 5 Proz., der Schweinebestand um 259 000 Tiere oder 65,4 Proz., der Ziegenbestand um 855 000 Tiere oder 45,1 Proz. vermehrt. — In dem 14jährigen Zeitraume von 1895—1908 dagegen hat der Rindviehbestand um 7,4 Millionen oder 34,1 Proz., der Eselbestand um 87 000 Stück oder 44 Proz., der Maultierbestand um 180 000 Stück oder 63,2 Proz., der Ziegenbestand um fast 1,2 Millionen oder 43,5 Proz., der Schweinebestand um 751 000 Stück oder 115 Proz. und der Pferdebestand sogar um etwa 3 Millionen oder 69,3 Proz. zugenommen. Lediglich die Anzahl der Schafe, die sich von 1888—1895 um 7,7 Millionen vermehrt hatten, ist um ein erhebliches, und zwar etwa 7,2 Millionen Stück, zurückgegangen. Die Gründe, welche die Verminderung der Schafe herbeigeführt haben, wurden bereits besprochen. — Die starke Vermehrung aller übrigen Haustierarten ist ein um so erfreulicheres Merkmal für die Entwicklung der argentinischen Landwirtschaft, als im gleichen Zeitraume der Ackerbau ebenfalls stark an Ausdehnung gewonnen hat. Die Zunahme des Rindviehbestandes steht in engem Zusammenhang mit der gesteigerten Verwertungsmöglichkeit, welche in neuester Zeit infolge der Entwicklung der Gefrierindustrie vorhanden ist.

Die Vermehrung des Pferdebestandes dürfte mit der Erweiterung des Ackerbauareals Hand in Hand gegangen sein, um so mehr, als bei den Chacareros die Nachfrage nach Zugochsen geringer, die nach Pferden größer geworden ist. Obwohl die Schweinezucht sich relativ erheblich vergrößert hat, ist sie im Verhältnis zu der Größe des Landes noch immer ohne Bedeutung. Die Maultierzucht hat durch den gesteigerten Verbrauch von Maultieren im Lande und durch den Export nach benachbarten Ländern, nach Afrika und nach Europa Aufschwung genommen. Die Ziegenzucht wird vorwiegend in den öderen Gebirgsgegenden des nördlichen Westens betrieben. Ihr Erfolg wird wesentlich durch den Preis der Felle der jungen Tiere beeinflußt.

Eine besondere Beachtung verdient der Viehreichtum der Provinz Buenos Aires. Obgleich diese Provinz den größten Flächenraum aller Landesteile Argentiniens hat, so ist der Viehreichtum verhältnismäßig noch größer. Bei einer Bodenfläche von 10,3 Proz. der Ausdehnung des ganzen Landes enthält die Provinz Buenos Aires 35,4 Proz. aller Rinder, 33,3 Proz. aller Pferde, 52,2 Proz. aller Schafe des ganzen Landes (trotz des erheblichen Rückganges des Schafbestandes seit 1895), während auf Maultiere nur 3 Proz., auf Schweine 5 Proz., auf Esel 1 Proz. und auf Ziegen 0,3 Proz. entfallen.

Von der Vermehrung in der Zeit von 1895—1908 kommen von den Rindern auf die Provinz Buenos Aires 2 605 339 oder 34,7 Proz., auf Santa Fé 1 098 439 oder 14,7 Proz., auf Cordoba 754 554 oder 10,7 Proz. und auf Corrientes 1 382 639 oder 18,5 Proz., also insgesamt 78,6 Proz. auf diese vier Provinzen. Bemerkenswert ist auch die Zunahme im Verhältnis zu dem bisherigen Bestande in den Territorien, deren Ländereien sich zur Rindviehzucht eignen. So ist die Zahl der Rinder in Formosa von 41 424 auf 233 724, im Gran Chaco von 83 952 auf 265 279, in Rio Negro von 82 050 auf 279 459, in Chubut von 29 944 auf 334 995 und in Feuerland von 796 auf 11 851 gestiegen. Diese Zahlen beweisen, daß man in neuerer Zeit der Erschließung der dortigen Ländereien ein erhöhtes Interesse zugewandt hat. In den Provinzen Catamarca, Jujuy, Salta, Tucuman hat der Rindviehbestand dagegen eine Verminderung erfahren, welche wohl darin ihre Ursache hat, daß namentlich in letzteren beiden Provinzen der Verbrauch stärker ist, als die Produktion. Wenn der Rinderbestand in der Pampa Central um 65 517 zurückgegangen ist, trotzdem in dem nordöstlichen Teile sich gute Alfalfares befinden, so ist die Ursache zum

Die landwirtschaftlichen Produktionsverhältnisse Argentiniens. 73

Teil in dem Vordringen des Ackerbaues, zum anderen Teile aber darin zu suchen, daß die sandigen Böden, soweit sie sich nicht zu Alfalfares eignen, für die Rindviehzucht nicht brauchbar sind.

In dem Schafbestand begegnen wir einer Zunahme von 1 733 462 in der Provinz Corrientes, von 795 284 in Entre Rios, von 314 439 in San Luis, von 316 978 in Santiago del Estero als bemerkenswerte Vermehrung in den in besserer Verkehrsgegend gelegenen Landesteilen. Von großer wirtschaftlicher Bedeutung ist die Zunahme des Schafbestandes in den südlichen Territorien, da Rio Negro eine Vermehrung von 3 715 067, Chubut von 2 076 322, Santa Cruz von 2 018 302 und Feuerland von 1 335 186 Schafen aufweist. Zweifellos ist ein großer Teil der Schafe, um die die Provinz Buenos Aires ärmer geworden ist, nach diesen südlichen Territorien gegangen, wo sie auf billigen Kämpen günstigere Existenzbedingungen finden. Eine starke Verminderung des Schafbestandes weisen die Provinzen Buenos Aires mit 18 025 479, Santa Fé mit 1 019 371 und Cordoba mit 602 552, sowie die Pampa Central mit 486 100 Tieren auf, welche mit dem Vordringen des Ackerbaues und der intensiveren Bodennutzung in engem Zusammenhang stehen dürfte.

Die Pferde haben sich in der Provinz Buenos Aires um 844 568 oder 27,4 Proz., in Santa Fé um 509 609 oder 16,5 Proz. und in Cordoba um 579 080 oder 19 Proz. vermehrt, so daß von dem gesamten Zuwachs 62,9 Proz. auf diese drei Provinzen entfallen. Eine Abnahme des Pferdebestandes hat in keinem Landesteile stattgefunden. Der Aufschwung von Ackerbau und Viehzucht und die gesteigerten Anforderungen der großen Städte machten trotz der zunehmenden Konkurrenz der Kraftfahrzeuge einen großen Pferdebedarf notwendig.

Die Maultierzucht, die verhältnismäßig stark in Cordoba und Santiago del Estero betrieben wird, hat in der Zeit von 1895 bis 1908 eine Vermehrung um 179 540 Tiere gefunden, trotzdem etwa die gleich große Zahl von 1901—1908 zum Export gelangte. — Auf dem Gebiete der Schweinehaltung begegnet man einer nennenswerten Zunahme nur in der Provinz Buenos Aires mit 462 521 Stück oder 61,7 Proz., in der Provinz Santa Fé mit 126 000 oder 16,8 Proz. und in Cordoba mit 79 436 oder 15,2 Proz., gleich 93,6 Proz. der Gesamtzunahme.

Der Wert des argentinischen Viehstandes berechnete sich nach dem Zensus von 1895 auf 379 Millionen Goldpesos oder 1137 Millionen

Papierpesos (zum Kurse von 300) und nach dem Zensus von 1908 auf 652 Millionen Goldpesos oder 1481 Millionen Papierpesos (zum Kurse von 227,27); diese enorme Wertsteigerung im Verlaufe von 14 Jahren beruht auf der Verbesserung (Veredlung) der Rassen und der Vergrößerung des Viehstandes. Von letzterer Summe von 1481 Millionen Papierpesos entfielen:

938,7 Millionen auf den Wert der Rinder,
205,8 „ „ „ „ „ Pferde,
287,3 „ „ „ „ „ Schafe,
15,7 „ „ „ „ „ Schweine.

Damit dürfte die Entwicklung des Viehstandes jedoch noch lange nicht zum Abschluß gelangt sein, da in Zukunft durch die intensivere Ausnutzung der großen Flächen, sowohl in dem zentralen Hauptproduktionsgebiete, wie in den entfernteren Gegenden zweifellos eine erheblich größere Zahl von Vieh gehalten werden kann, auch ist die Veredlung der Rassen erst zum Teil durchgeführt.

Nach dem Censo agropecuario vom Jahre 1908 entfielen in Argentinien auf den Quadratkilometer 9,8 Rinder, 2,5 Pferde, 22,5 Schafe und nur 0,5 Schweine. Mit den nordamerikanischen Verhältnissen verglichen, ist die Dichtigkeit des Rinder- und Pferdebestandes Argentiniens ein wenig größer, diejenige des Schafbestandes jedoch dreiundeinhalbmal so groß, während der Schweinereichtum zwölfmal geringer ist. Deutschlands Pferde- und Rinderbestand auf der Einheitsfläche ist dagegen dreiundeinhalbmal, der Schweinebestand sogar achtzigmal so groß als der Argentiniens, während nur die Dichtigkeit des Schafbestandes in Argentinien größer als in Deutschland ist. Auf die einzelnen Landesteile verteilt sich die Dichtigkeit des Viehstandes sehr ungleich. Ohne auf alle Einzelheiten eingehen zu können, sei nur erwähnt, daß nach dem genannten Zensus von Rindern 0,8 (San Juan) bis 26,1 (Santa Fé) bis 33,9 (Provinz Buenos Aires) bis 41,4 (Entre Rios) und 49,2 (Corrientes), von Pferden 0,1 (Formosa) bis 8,2 (Provinz Buenos Aires) und 8,5 (Entre Rios), von Schafen 0,1 (Gran Chaco) bis 110,0 (Provinz Buenos Aires) auf den Quadratkilometer entfallen.

Den Fortschritt der Veredlung des Viehstandes läßt die Gegenüberstellung der Ergebnisse der Zensen von 1895 und 1908 erkennen:

Die landwirtschaftlichen Produktionsverhältnisse Argentiniens. 75

	Einheimische Tiere				Kreuzungstiere				Reinrassige Tiere			
	1895		1908		1895		1908		1895		1908	
	1000	%	1000	%	1000	%	1000	%	1000	%	1000	%
Rinder . .	14 197	74,8	10 785	41,8	4 678	24,7	14 027	54,6	72	0,4	919	3,6
Pferde . .	4 016	90,3	5 789	76,8	415	9,3	1 694	22,5	16	0,4	49	0,7
Schafe . .	17 938	24,1	10 584	15,7	56 106	75,4	55 449	82,5	335	0,5	1 179	1,8
Schweine .	483	73,9	780	55,6	156	23,9	589	41,9	14	2,2	34	2,5

Daß die Bezeichnungen einheimische Rasse (Criollos) und Kreuzungstiere (Mestizos) für den Grad der Züchtung zuverlässig sind, ist sehr zu bestreiten und die Annahme Professor Kärgers erscheint auch gegenwärtig noch zutreffend, daß bei den Schafen — in neuerer Zeit auch bei den Pferden — unter Criollos nicht nur Tiere dieser Rasse, sondern auch geringwertige Kreuzungstiere verstanden werden sollen, denn das reine Criollopferd, das durchaus nicht immer einen minderwertigen Typus repräsentiert, sondern ausgezeichnete Eigenschaften wie Zähigkeit, Ausdauer und Anspruchslosigkeit in bezug auf die Ernährung hatte, ist nach dem Urteile von Fachleuten nur noch selten anzutreffen, wie auch in den meisten Schafherden eine mehr oder minder starke Blutmischung mit Nachkommen importierter Tiere stattgefunden haben dürfte. — Immerhin sind die Angaben des Zensus insofern sehr wertvoll, als sie einen gewissen Anhalt zur Beurteilung der Vervollkommnung des argentinischen Viehstandes geben.

Sowohl im ganzen Lande, wie auch in einzelnen Landesteilen zeigen die reinrassigen Veredlungstiere eine sehr beträchtliche Zunahme, die besonders stark bei den Rindern hervortritt, da sie eine Steigerung von 0,4 auf 3,6 Proz. in ganz Argentinien und sogar von 0,6 auf 6,2 Proz. des Gesamtbestandes in der Provinz Buenos Aires aufweist. Diese Provinz ist von jeher durch einen guten Viehstand ausgezeichnet gewesen, wie sich auch dort die sämtlichen renommierten Stammherden befinden.

Unverkennbar sind ferner die starke Vermehrung der Kreuzungstiere und das allmähliche Verschwinden der Criollos, die überall hervortreten. Die Verminderung des Schafbestandes hat größtenteils die sog. Criolloschafe betroffen, da diese von 17,9 auf 10,5 Millionen, die Kreuzungsschafe dagegen nur von 56,1 auf 55,4 Millionen zurückgegangen sind, während die Anzahl der reinblütigen Schafe sich von 335 000 auf 1 179 000 vermehrt hat. Es ist leicht verständlich, daß unter den Unbilden der Witterung die schwachen Schafe am stärksten zu leiden hatten und die größten Verluste erlitten.

Die Angaben der Statistik werden durch die Praxis im wesentlichen bestätigt, da die Mehrzahl der Estancien in neuerer Zeit größtenteils recht gutes Vieh aufweist. — Welchen großen praktischen Wert die Veredlung des Blutes hat, ist daraus zu erkennen, daß in dem Hauptproduktionsgebiete die Mastochsen (Novillos) der Durham-, Herford- und Polled Angusrasse bereits mit $2^1/_2$—3 Jahren zum Durchschnittspreise von 110—120 Pesos verkauft werden, während die Novillos der Criollorasse erst mit 4 Jahren zum Verkauf gelangen und dann nur 75—80 Pesos erzielen. Während ferner die Stärken (jungen Kühe) der Fleischrassen bereits mit $1^1/_2$—2 Jahren gepaart werden, kommen diejenigen der Criollorasse erst mit $2^1/_2$—3 Jahren zum Bullen. Der große Vorteil, der den Züchtern aus der Veredlung des Blutes erwächst, ist also erwiesen; Vorbedingung für die Haltung edlen, anspruchsvollen Viehes ist jedoch das Vorhandensein reichlichen und guten Futters, das nur auf den Pasto tierno-Kämpen, sowie auf den Alfalfares und anderen künstlichen Weiden wächst.

Bei so großen sichtbaren Erfolgen war es nur natürlich, daß der argentinische Viehzüchter auf die Veredlung seines Viehstandes großen Wert legte und an Mitteln nicht sparte, um vorzügliches Zuchtmaterial in großer Zahl zu erwerben. Seit Jahren hat England das Monopol dieser Einfuhr, welches nur in vereinzelten Ausnahmefällen durchbrochen worden ist. In der Zeit von 1880 bis 1907 sandte Argentinien für die Einfuhr von Zuchtrindern 4 096 417 und von Zuchtschafen 3 492 372, insgesamt 7 568 789 Goldpesos (etwa 30 Millionen Mark) ins Ausland. Bisweilen werden fabelhafte Preise bezahlt, so kürzlich auch auf der in Liquidation befindlichen Estancia des Herrn Manuel Cobo für den Stier „Bapton Sunray" 50 500 und für den Stier „Prince Augustus" 46 000 Papierpesos. Zur Veredlung der Rinder werden vorzugsweise Durham, Herford und Polled Angus verwandt, während Milchviehrassen nur in geringen Mengen vertreten sind. Auch auf dem Gebiete der Schafzucht herrschen die Fleischrassen, und zwar besonders die Lincoln, daneben die Shropshire, Southdown usw. vor, welche seit zwei Jahrzehnten die Merinos stark verdrängt haben. Die Entwicklung der argentinischen Viehzucht wird in neuerer Zeit durch den Export von Vieh und Fleisch stark beeinflußt, welcher allerdings eine wesentliche Einnahmequelle

Die landwirtschaftlichen Produktionsverhältnisse Argentiniens. 77

der Viehzucht bildet und in ständigem Steigen ist. Jedoch ist der Export von Wolle nicht zu unterschätzen, welcher im Jahre 1906 einen Wert von 33,5 Millionen Goldpesos (zu 4,05 Mark) hatte und in der Zeit von 1906—1910 mit einigen Schwankungen einen ungefähren Wert von jährlich 58 Millionen Goldpesos aufwies. Bei einem Ausfuhrwerte von 161 Millionen Goldpesos aller Viehzuchtprodukte im Jahre 1910 entfielen auf den Wert der Wolle 36 Proz., so daß die Schafzucht auch jetzt noch, trotz der Verminderung an Zahl, für die Bedeutung der argentinischen Viehzucht keineswegs zu unterschätzen ist, um so weniger, als in dem gleichen Jahre noch 231 540 Goldpesos für den Export lebender Schafe, 6,0 Millionen für gefrorenes Schaffleisch und 7,9 Millionen für Schaffelle, insgesamt 14 Millionen Goldpesos, eingenommen wurden. (Nach der Estadistica agricola 1910/11.)

Zur Veredlung der argentinischen Pferdezucht wurden neben einer sehr großen Zahl von Vollblutpferden, die aber vornehmlich zu Rennzwecken weitergezüchtet werden, in erster Linie Pferde schwerer Rassen — Percheron, Clydesdale, Shires — eingeführt, um starke Arbeitspferde zu züchten. Von warmblütigen Schlägen kamen Hackney, Anglo-Normanen und Yorkshire neben anderen Rassen und Schlägen zur Einfuhr. Sehr zu bedauern ist, daß man der Reinzucht des Criollopferdes, das im Gegensatz zu den Criollos der Rinder und Schafe, viele ausgezeichnete Eigenschaften hatte, jahrelang gar keine Beachtung geschenkt hat, so daß es reinblütig nur noch selten anzutreffen ist. Erst in neuerer Zeit scheint sich das Interesse für das Criollopferd wieder zu beleben.

Die Bedeutung der argentinischen Viehzucht veranschaulicht folgende Gegenüberstellung der Viehbestände einer Anzahl hervorragender Viehzuchtländer, welche dem Censo agropecuario von 1908 entnommen wurde:

	Rinder	Pferde	Schafe	Schweine
	1000 Stück			
Argentinien	29 117	7 531	67 212	1 404
Ver. Staaten von Nordamerika . .	69 439	21 217	61 837	64 694
Canada	5 576	1 577	2 510	2 354
Australien	9 349	1 765	83 688	814
Kapkolonie	2 000	300	11 800	400
Deutschland	20 600	4 300	7 700	22 100
Frankreich	14 000	3 200	17 500	7 000
Österreich	9 500	1 700	2 600	4 700
Großbritannien	7 000	1 600	25 400	2 300

Hinsichtlich des Reichtums an Rindern, Pferden und Schafen steht also Argentinien bereits an zweiter Stelle, jeweilig nur von den Vereinigten Staaten von Nordamerika bzw. Australien übertroffen, während die Zahl der Schweine im Vergleich zu den anderen Ländern allerdings nicht erheblich ist. Die Stellung Argentiniens als Viehproduzent auf dem Wollmarkte kann aber dann erst richtig gewürdigt werden, wenn man den Viehstand im Verhältnis zur Bevölkerungsziffer betrachtet. Bei einer Bevölkerung von nur 6,8 Mill. Einwohnern entfielen in Argentinien im Jahre 1908 4,5 Rinder, 1,2 Pferde, 10,4 Schafe, 0,2 Schweine und 0,6 Ziegen, in den Vereinigten Staaten bei einer Bevölkerung von 84,9 Mill. (nach Hickmanns geographisch-statistischem Universal-Taschen-Atlas) aber nur 0,81 Rinder, 0,25 Pferde, 0,73 Schafe, 0,02 Ziegen und 0,76 Schweine auf den Kopf der Bevölkerung.

Während Argentinien weit größere Mengen von Vieh besitzt, als es für die Ernährung seiner Bevölkerung bedarf, nähern sich die Vereinigten Staaten hinsichtlich der relativen Dichtigkeit bereits erheblich den europäischen Kulturländern, da beispielsweise in Deutschland nach der Viehzählung vom 2. Dezember 1907 und dem Bevölkerungsstande vom 1. Dezember 1905 sich der Viehstand auf 0,3 Rinder, 0,07 Pferde, 0,13 Schafe, 0,36 Schweine und 0,06 Ziegen auf den Kopf der Bevölkerung berechnet. (Nach den Angaben des statistischen Jahrbuches für das Deutsche Reich.) Die genauen Ergebnisse neuerer Zählungen in Deutschland und in den Vereinigten Staaten waren dem Verfasser leider nicht zur Hand. Bei der raschen Zunahme der Bevölkerung in den Vereinigten Staaten hält bekanntlich die Vermehrung des Viehstandes mit dem Bevölkerungswachstum nicht Schritt, so daß dem Vernehmen nach sich dort ein erheblicher Überschuß an Rindern und Schafen kaum mehr geltend macht, während Argentinien große Mengen von Vieh für den Export verfügbar hat.

In den einzelnen Landesteilen Argentiniens berechnet sich die Dichtigkeit des Viehstandes **auf den Kopf der Bevölkerung** wie folgt:

(Siehe Tabelle S. 79.)

Die größte relative Dichtigkeit des Rinderbestandes weist die Provinz Corrientes mit 13,4 Rindern auf den Kopf der Bevölkerung auf. An Rinderreichtum folgen in dieser Beziehung Entre Rios mit

Die landwirtschaftlichen Produktionsverhältnisse Argentiniens. 79

	Rinder		Pferde		Schafe	
	1895	1908	1895	1908	1895	1908
Buenos Aires	8,4	6,3	1,8	1,6	57,1	21,0
Santa Fé	5,8	4,2	1,0	1,1	5,0	1,2
Entre Rios	9,5	7,8	1,8	1,6	21,3	17,2
Cordoba	5,6	4,8	1,2	1,8	7,3	3,6
Corrientes	12,0	13,4	1,7	1,8	5,8	9,8
San Luis	6,0	5,4	1,8	1,9	6,8	8,1
Pampa Central	20,4	6,1	8,8	3,7	204,0	63,3
Rio Negro	9,1	11,6	4,4	7,6	109,0	196,6
Santa Cruz	10,0	6,2	7,9	9,0	348,0	597,0
Feuerland	1,7	7,4	0,6	6,4	15,0	839,0
Gran Chaco	8,3	5,3	0,4	0,7	0,7	0,4
Argentinien	5,4	4,5	1,1	1,2	18,4	10,4
Deutschland	0,3		0,07		0,13	
Ver. Staaten von Nordamerika	0,81		0,25		0,73	

7,8 und die beiden dünn bevölkerten Territorien Rio Negro und Feuerland mit 11,6 bzw. 7,4 Rindern. Sehr interessant ist auch der dichte Rinderbestand der Ackerbauprovinzen Buenos Aires, Santa Fé und Cordoba mit 6,3 bzw. 4,2 bzw. 4,8 Rindern. Nicht zu verkennen ist allerdings, daß der Rinderreichtum im Verhältnis zur Bevölkerung in der Ackerbauregion zurückgegangen ist, da nach dem Zensus von 1895 in der Provinz Buenos Aires 8,4, in Santa Fé 5,8, in Cordoba 5,6, in Entre Rios 9,5, in San Luis 6,0 Rinder auf den Kopf der Bevölkerung entfielen. Diese Erscheinung erklärt sich aus der Einwanderung und der Ausbreitung des Ackerbaues. Mit ersterer konnte die Vermehrung der Rinder um so weniger Schritt halten, als durch das Anwachsen der Bevölkerung der Konsum im Lande stieg, während gleichzeitig die Ackerbauprovinzen weitaus den größten Teil des Viehzuchtmaterials für den Export lieferten. In bezug auf die relative Dichtigkeit des Pferdebestandes haben die Territorien Santa Cruz, Rio Negro, Feuerland, Pampa Central im Verhältnis zu der sehr dünnen Bevölkerung, besonders starke Pferdebestände, vermutlich auch deshalb, weil die extensive Betriebsweise der Viehzucht außergewöhnlich große Anforderungen an den Pferdebestand stellt. Der Schafreichtum ist im Verhältnis zur Bevölkerung, obgleich an nordamerikanischem oder deutschem Maßstabe gemessen noch immer sehr groß, in allen Ackerbauprovinzen stark zurückgegangen, und zwar in der Provinz Buenos Aires von 57,1 auf 21,0, in Santa Fé von 5,0 auf 1,2, in Entre Rios von 21,3 auf 17,2, in Cordoba von 7,3 auf 3,6 und in der Pampa Central sogar von

204 auf 63,3 Tiere auf den Kopf der Bevölkerung. Dagegen ist er in den südlichen Territorien, trotz gleichzeitiger nicht unbedeutender Vermehrung der Bevölkerung, in weit größerem Maße gewachsen.

Auf Einzelheiten der Technik des argentinischen Viehzuchtbetriebes einzugehen, liegt außerhalb des Rahmens dieser Arbeit. Im wesentlichen hat sich die Betriebsweise in den letzten zwei Jahrzehnten nicht sehr geändert. Wie erwähnt, wird der allergrößte Teil des Viehstandes dauernd auf der Weide gehalten, und erfordert daher verhältnismäßig wenig Arbeitsaufwand. Die Verbesserung der Weiden und die Verfeinerung des Viehes, mit welch letzterer eine größere Zahmheit der Tiere Hand in Hand geht, machten die Abgrenzung kleinerer Flächen (potreros) durch Drahtzäune und einige Vorrichtungen zur Behandlung der Tiere, das sogenannte „brete" notwendig. Das Brete ist eine Anlage, die aus mehreren (drei bis vier, je nach Bedarf) kleinen umzäunten Höfen (corrales) besteht, deren einer sich in einen Laufgang nach zwei bis drei Richtungen, mit leicht verstellbaren Ausgängen verjüngt, um die Tiere ohne große Beunruhigung und mit weit geringerer Mühe, als durch das Einfangen mittels des Lassos behandeln und, je nach Erfordernis, in verschiedene Klassen einteilen zu können. Im übrigen ist der Lasso auch auf Estancien mit veredeltem Vieh zum gelegentlichen Einfangen einzelner Tiere und auf den sonstigen Estancien in gleicher Weise wie ehemals im Gebrauch. Eine andere, auf gut geleiteten Estancien nie fehlende Einrichtung besteht in Schwimmbädern mit langem, schmalem Kanal in verschiedenen Dimensionen. In ihnen werden Rinder bzw. Schafe gebadet, um sie vom Ungeziefer zu befreien. Diese Einrichtung hat sich ausgezeichnet bewährt.

Der Estanciabetrieb scheidet sich in die Haltung der Stammherden, entweder nur für den eigenen Bedarf der Estancia oder auch für den Verkauf, in die Aufzucht und die Mast. Doch sind nicht immer alle diese Betriebszweige auf jeder Estancia vertreten. Namentlich die Mäster (invernadores) auf den Alfalfafeldern pflegen meistens von der Aufzucht Abstand zu nehmen und sich auf den Ankauf von Magervieh zu beschränken, um so ihr Kapital schneller umzusetzen, während anderseits die unverfeinerten Kämpe sich nicht zur Mast und nur zur Aufzucht eignen.

Obwohl Infektionskrankheiten, wie die Maul- und Klauenseuche, Milzbrand, Rauschbrand, Tuberkulose usw. in Argentinien nicht unbekannt sind und gelegentlich immer wieder auftreten, so ist der Ge-

Die landwirtschaftlichen Produktionsverhältnisse Argentiniens. 81

sundheitszustand des Viehstandes im großen ganzen recht gut, da auf den weiten Flächen die Gefahr der gegenseitigen Ansteckung gering ist und schwache und kranke Tiere den Unbilden der Witterung nicht lange widerstehen können und eingehen, wodurch die Natur gewissermaßen selbst ein Ausmerzen der kranken Tiere vornimmt.

Die wirtschaftlichen Bedingungen für die Rentabilität der Viehzuchtbetriebe haben sich im Laufe der letzten 15—20 Jahre vollständig verändert, da die Löhne und sonstigen Unkosten um ein geringes gestiegen sind, die Preise des Grund und Bodens sich aber um ein vielfaches erhöht haben, während die Verwertung der Tiere durch die Vervollkommnung der Rassen und durch die gesteigerte Nachfrage für den Export allerdings ebenfalls vorteilhafter geworden ist, die Preise der tierischen Produkte jedoch, insbesondere Wollen, Felle und Häute, die außerdem durch die Konjunkturen wesentlich beeinflußt werden, keinen erheblichen Aufschlag erfahren haben.

Eingehende Rentabilitätsberechnungen anzustellen, ist aus Rücksicht auf den verfügbaren Raum nicht geboten, jedoch dürfte die folgende Zusammenstellung des investierten Kapitals (abzüglich der Abschreibungen von 25 000 Goldpesos auf Gebäude, Brunnenanlagen, Umzäunungen usw.), der erzielten Gewinne und der Verzinsung einer Estancia von 10 Leguas gleich 25 000 ha als ein Beispiel dienen:

	Kapital	Gewinn	Verzinsung
Im Jahre 1904 . .	330 000 Goldpesos	32 000 Goldpesos	7,9 %
„ „ 1905 . .	360 000 „	49 400 „	13,6 „
„ „ 1906 . .	510 000 „	— 8 000 „	— 1,6 „
„ „ 1907 . .	465 000 „	53 000 „	11,4 „
„ „ 1908 . .	480 000 „	54 000 „	11,2 „
„ „ 1909 . .	486 000 „	17 000 „	3,4 „
„ „ 1910 . .	472 000 „	23 000 „	5,0 „
„ „ 1911 . .	476 000 „	86 000 „	19,5 „

Die Verzinsung der in dieser Estancia angelegten Kapitalien ist recht ungleichmäßig hoch, da Jahre mit einer Verzinsung von 13,6 und 11,4 Proz. durch ein solches mit einer nicht unerheblichen Unterbilanz durchbrochen werden, trotzdem als günstiger Faktor in die Wage fällt, daß die Estancia in angemessenem Verhältnis Rinder-, Schaf- und Pferdezucht, also einen gemischten Viehzuchtbetrieb hat, wodurch das Risiko verringert wird, da die Jahre der Dürre der Schafzucht stets guten Ertrag brachten, welcher die Verluste der Rinderzucht jedoch nicht ausgleichen konnte. In nassen, futterreichen Jahren haben dagegen die Schafe oft empfindlichen Schaden gelitten. Die Pferdezucht brachte in keinem Jahre einen nennenswerten Gewinn, und wird daher fast lediglich für den eigenen Bedarf der Estancia betrieben.

Es muß jedoch bemerkt werden, daß das Kapital den Einstandspreis einschließlich der Verbesserungen, nicht aber den gegenwärtigen, weit höheren Wert der Estancia betrifft. Wäre letzterer der Berechnung zugrunde gelegt, so hätte sich das Kapital im Jahre 1910 mit 2 Proz. und im Jahre 1911 mit 7,5 Proz. verzinst.

Nach der von den Viehzüchtern allgemein vertretenen Ansicht verzinst sich bei den gegenwärtigen Landpreisen und sonstigen Bedingungen das in argentinischen Viehzuchtbetrieben angelegte Kapital durchschnittlich mit ungefähr 4 Proz., wobei zu bemerken ist, daß manche Betriebe bei guter Wirtschaftsweise und unter günstigen Bedingungen auch auf eine durchschnittliche Verzinsung von 6—7 Proz. und darüber kommen, während andere dem Vernehmen nach sich mit kaum 3 Proz. begnügen müssen. Gegenüber den Berechnungen Professor Kärgers, der die durchschnittliche Verzinsung des in den Viehzuchtbetrieben investierten Kapitals vor etwa 17 Jahren auf 20 Proz. feststellte, haben sich die Erträgnisse der Viehzucht also wesentlich verringert.

Bei Beurteilung der Frage, ob die Produktionsfähigkeit der Kämpe in Anbetracht der natürlichen Verhältnisse bereits ihren Höhepunkt erreicht hat oder ob eine weitere Steigerung in absehbarer Zeit zu erwarten ist, ist zunächst zu erwägen, daß ein nicht geringer Teil der Kämpe, selbst in dem Hauptproduktionsgebiete, sich auch gegenwärtig noch in dem Zustande des sogenannten Naturkampes befindet, dessen Vegetation weder durch die Verwendung zu Ackerbauzwecken, noch gar durch Ansaat von feinen Gräsern oder Alfalfa verbessert worden ist, wenn auch in den besseren Gegenden meistens durch stärkere Bestockung mit Vieh eine allmähliche Verfeinerung der Grasnarbe stattgefunden hat, so daß also auf solchen Kämpen mit einer Steigerung der Produktionsfähigkeit gerechnet werden kann.

Die Rentabilität der Viehkämpe würde sich ferner erhöhen, wenn ein weiteres Steigen der hiesigen Viehpreise, welche im Vergleich mit den Viehpreisen auf den europäischen Märkten immer noch niedrig sind, eintreten würde, was bei der sehr regen Propaganda, die in neuester Zeit für argentinisches Fleisch gemacht wird, sehr wohl im Bereich der Möglichkeit liegt.

Die landwirtschaftlichen Produktionsverhältnisse Argentiniens. 83

Auch könnten die meisten Kämpe unter normalen Witterungsverhältnissen in der Hauptvegetationszeit einen weit größeren Viehstand ernähren, und die großen Verluste an Vieh, die gelegentlich eintreten, sind stets auf geringe Vorsorge für die futterknappe Zeit zurückzuführen. Je mehr der argentinische Viehbesitzer die Notwendigkeit erkennen lernen wird, durch eine Futterreserve für die Zeit der Not vorzusorgen, desto mehr werden die großen Verluste an Vieh vermieden werden und desto stärker können die Kämpe ausgenutzt werden. Daß in dieser Beziehung, sowohl durch die Bereitung von Trockenalfalfa, wie auch durch Ansaat von Hafer, Gerste usw. als Wintergrünfutter und durch den Anbau von Körnermais in letzter Zeit, besonders in den letzten beiden Jahren erhebliche Fortschritte gemacht worden sind, ist nicht zu verkennen, und es ist zu erwarten, daß auf dem beschrittenen Wege weitere größere Erfolge erzielt werden.

Die Vervollkommnung der Milchwirtschaft und der Schweinezucht, welche beide noch in den Anfangsgründen der Entwicklung stehen, geben weitere günstige Perspektiven.

Vor allem aber müßte auch der Ackerbau aufhören, mehr oder minder als Mittel zu dem Zwecke zu dienen, die Böden für die Alfalfakultur vorzubereiten, ohne den Boden in zweckmäßiger Weise zu behandeln und danach zu trachten, angemessene Erträge aus dem Ackerbau zu erzielen, welche die aufgewandte Mühe lohnen. Erst wenn aus dem bisherigen Weizenbauspekulanten ein verständnisvoll arbeitender Ackerbauer geworden sein wird, ist auch dieses Ziel zu erreichen. Beim Zusammenwirken aller dieser Faktoren ist nicht daran zu zweifeln, daß die Bodennutzung wesentlich gesteigert werden kann.

Die Verwertung der Viehzuchtprodukte hat in den letzten zwei Jahrzehnten durch den Export von Vieh und Fleisch und durch die Entwicklung der Fleischgefrierindustrie eine sehr bedeutende Umgestaltung erfahren. Auf dem Gebiete der Schafzucht wurde der teilweise Übergang der Wollschafzucht zur Fleischschafzucht, der damit im Zusammenhang steht, bereits erwähnt, wobei allerdings aus Zweckmäßigkeitsgründen, wie der Wollexport lehrt, vorwiegend Kreuzungen stattgefunden haben, denn gegenwärtig sind ungefähr 80 Proz. aller zum Verkaufe kommenden Wollen sogenannte Croßbreds. Von noch größerer Bedeutung wurde die Verwendungsmöglichkeit des Fleisches für die Rinderzucht, welche in früheren Jahren lediglich auf die Verarbeitung der Tierkörper in den sogenannten Saladeros auf Salz- oder

Dörrfleisch, bzw. in den Fabriken zu Fleischextrakt, Peptonen, Konserven angewiesen war, soweit das Fleisch nicht im Lande selbst zum Konsum gelangte. Während die Saladeroindustrie, vorwiegend infolge der Absatzschwierigkeiten ihrer Produkte, stark zurückgegangen ist, so daß die Saladeros in der Provinz Buenos Aires sämtlich ihren Betrieb eingestellt haben, und die in der Provinz Entre Rios gelegenen die Zahl der zu verarbeitenden Tiere verringern mußten, hat die Extrakt- und Konservenfabrikation, die in erster Linie von den Liebigwerken in Colon (Argentinien) und Fray Bentos (Uruguay), aber auch von den ehemaligen Dr. Kemmrich'schen Werken, und im Nebenbetriebe von einigen Frigorificos, geschieht, an Ausdehnung gewonnen. Solange aber die Zahl der Criollotiere noch größer ist, als für den Konsum des Landes erforderlich, haben die argentinischen Viehzüchter ein großes Interesse an dem Bestehen und der Weiterentwicklung der Saladeros. Aus diesem Grunde ist die argentinische Regierung, wie die „Memoria de la Direccion General de Ganaderia für 1910/1911" schreibt, bestrebt, den Markt für Salzfleisch (tasajo) zu erweitern und neue Absatzgebiete, wie Spanien, Portugal, Norwegen, auch Afrika, aufzusuchen.

Mit der Veredlung und Verfeinerung des Viehstandes wurde aber die Möglichkeit geschaffen, mit gutem Fleisch auf den europäischen Märkten in Wettbewerb zu treten. Viele Jahre hindurch ist England der einzige Abnehmer gewesen; vor etwa zwei Jahren setzte die Propaganda für argentinisches Fleisch aber auch in anderen Kulturländern ein. — Bis zur Vervollkommnung der Kälteindustrie fand die Ausfuhr vorwiegend in Gestalt lebender Tiere statt, und England war in den 1890er Jahren, besonders für Rinder, aber auch für Schafe der weitaus größte Abnehmer, bis der Ausbruch der Maul- und Klauenseuche in Argentinien im Jahre 1900 zu einem strengen Einfuhrverbot für lebendes Vieh führte, welches nur noch im Jahre 1903 vorübergehend aufgehoben wurde. Inzwischen hatte sich die Gefrierindustrie in Argentinien derart entwickelt, daß dort kaum noch der Wunsch nach Zulassung des Lebendviehexportes nach England bestehen dürfte, da sehr große und leistungsfähige Schlachthäuser (Frigorificos) entstanden sind, da die Spesen für den Fleischexport zweifellos geringer, als für den Lebendexport von Vieh sind, da endlich durch die Schlachtung und Bearbeitung eine große Zahl Personen (gegen 10 000) lohnende Beschäftigung finden, und nicht geringe Kapitalien infolgedessen alljährlich Argentinien erhalten bleiben. — Im Jahre 1909 wurden 132 450 lebende Rinder und 88 636 Schafe, im Jahre 1910 nur 89 735 Rinder und 77 180 Schafe exportiert. Die lebenden Rinder gingen vorwiegend in die benachbarten südamerikanischen Staaten, die Schafe zum Teil nach Belgien. Neuerdings hat ein Export lebenden Viehes nach Italien, Spanien, Portugal und der Schweiz begonnen, und Argentinien hegt große Hoffnungen auf Erweiterung seines Absatzgebietes.

Erheblich größer als der Versand lebenden Viehes ist derjenige von gefrorenem und gekühltem Fleisch. Gegenwärtig bestehen in Argentinien sieben große Schlacht- und Gefrierhäuser, in welchen nach der Propagandanummer der „Anales de la Sociedad Rural Argentina 1910" 83 750 000 Fr. angelegt sind, die im gleichen Jahre einen Umsatz von 273 350 000 Fr. hatten. Neuerdings tritt für die Verwertung der Rinder die Herstellung von gekühltem Fleisch (chilled beef) immer mehr in den Vordergrund, weil dieses im Geschmack dem frischen Fleisch mehr gleichkommt als das gefrorene Fleisch (frozen beef). Allerdings erfordert das chilled beef eine noch größere Sorgfalt der Herstellung und eine besonders gute Qualität von Vieh. Hammel werden bisher nur in gefrorenem Zustande, und zwar stets in ganzen Körpern versandt, während die Rinder in Viertel geteilt werden.

Die Präparation des Gefrierfleisches geschieht auf sehr einfache Art. Das von den Estancien ankommende Vieh wird zunächst von Tierärzten untersucht und verbleibt dann je nach Größe des Bestandes und dem Schlachtbedarf einige Tage in den Depots der Schlachthäuser, damit es sich von den Strapazen der Reise ausruht. Vor dem Schlachten werden die Rinder durch Abbrausen tüchtig gereinigt und gelangen alsdann durch einen schmalen Laufgang in einen kleinen Abteil, wo ihnen die Gehirnschale durch einen Schlag mit dem Hammer zertrümmert wird. Alsdann werden sie an den Hinterfüßen hochgewunden und an Laufstangen in den Schlachtraum gebracht, wo zunächst die Kehle durchschnitten wird, damit die Tiere ausbluten. Unmittelbar darauf geschieht das Abhäuten, das Öffnen der Tiere unter tierärztlicher Aufsicht und, sofern eine Beanstandung nicht stattgefunden hat, die Zerlegung in Hälften. Nach der Klassierung gelangen die Tiere in einen Vorkühlraum und alsdann, je nach Qualität und Bestimmung in die Gefrier- oder Kühlräume. Die tierärztliche Untersuchung wird durchgängig mit Sorgfalt ausgeübt. Auch schließt sich der Export kranker Tiere oder solcher von geringerer Qualität schon deshalb von selbst aus, weil diese in den Empfangshäfen nicht hineingelassen werden, so daß die Frigorificos das größte Interesse haben, nur gutes Fleisch zum Versand zu bringen, um unnötige Kosten zu vermeiden und ihre Ware nicht zu diskreditieren. Die tierärztliche Untersuchung geschieht von Veterinären der Nationalregierung, die von den Frigorificos besoldet werden. Von Zeit zu Zeit findet ein Austausch der Tierärzte statt, um eine größere Garantie für eine sorgsame Kontrolle zu haben.

Eine Zusammenstellung der vorgenannten Propagandanummer gibt die Ausfuhrmengen von Fleisch der wichtigsten Exportländer wie folgt an:

	1910	1908	1906	1910	1908	1906
	Gekühltes Rindfleisch			Gefrorenes Rindfleisch		
	In Tiervierteln					
aus Argentinien .	2 710 747	1 267 400	750 000	1 336 757	1 447 365	1 298 438
„ Ver. Staat. v. Nordamerika	477 147	1 432 142	2 426 644	—	—	—
„ Kanada . .	8 672	18 040	8 415	—	—	—
„ Australien .	—	—	—	537 442	75 800	13 112
„ Neu-Seeland	—	—	—	344 048	179 002	121 858
„ Uruguay . .	—	—	—	148 084	85 992	16 265
	Gefrorene Schafe			Gefrorene Lämmer		
	Stück					
aus Argentinien .	2 454 401	2 943 360	2 648 198	352 501	244 334	104 728
„ Australien .	2 723 148	625 067	558 432	1 496 660	1 206 179	1 173 896
„ Neu-Seeland	1 991 115	1 690 407	1 761 459	3 416 359	2 543 751	2 386 829
„ Uruguay und Chile. . . .	384 313	319 726	150 972	162 547	78 594	15 378

Da diese Statistik mit der offiziellen Statistik nicht übereinstimmt, muß die Verantwortung für die Richtigkeit der Angaben der Schriftleitung der „Anales" überlassen bleiben. Immerhin sind die Angaben sehr beachtenswert, da sie zeigen, daß Argentinien hinsichtlich der Ausfuhr von gefrorenem und gekühltem Rindfleisch an erster Stelle aller Exportländer steht und hinsichtlich der gefrorenen Schafe erst im Jahre 1910 von Australien überholt worden ist. Während ferner die Ausfuhr von gekühltem Rindfleisch in Argentinien einen enormen

Aufschwung genommen hat, hat gleichzeitig in den Vereinigten Staaten ein weit stärkerer Rückgang stattgefunden. Es unterliegt also keinem Zweifel, daß Argentinien gegenwärtig als Fleischexportland an allererster Stelle steht, sowohl im Hinblick auf die Größe des Viehstandes, mehr aber noch infolge der geringen Dichtigkeit der Bevölkerung, welche trotz eines relativ starken Konsums, einen großen Exportüberschuß ermöglicht.

Da mehrere der bestehenden Frigorificos im Begriffe sind, die Fabrikation durch Anbau zu vergrößern und neue Frigorificos der großen nordamerikanischen Schlachthausbesitzer sich im Bau befinden, so liegt die Gefahr nahe, daß der Bestand an Novillos (jungen Mastochsen) den Anforderungen an die zu verarbeitende Zahl in absehbarer Zeit nicht mehr entsprechen wird. Nach den Schlachtergebnissen des Jahres 1911 sind von sämtlichen argentinischen Frigorificos 1 693 494 gefrorene und 2 131 791 gekühlte Rinderviertel exportiert worden, zu welchem Zwecke einschließlich der zurückgewiesenen und der im Lande verbrauchten Tiere mindestens 1 Million Novillos erforderlich sind. Nach dem Censo agropecuario waren aber im Jahre 1908 nur 3 027 143 Novillos von Kreuzungstieren, welche allein für den Export der Frigorificos in Betracht kommen, da die Criollotiere den Anforderungen des Exportes an die Qualität nicht genügen, vorhanden. Da obige 3 027 143 Novillos sich aus zwei- und dreijährigen Tieren zusammensetzen, sich ihrer Verwertungsmöglichkeit nach also auf zwei Jahre verteilen, so ergibt sich, daß die Produktion von Schlachtvieh die Anforderungen des Exportes zurzeit nur noch um höchstens 50 Proz. übersteigt. Bei starker Steigerung des Exportes infolge der Vergrößerung und Vermehrung der Frigorificos ist es daher wahrscheinlich, daß in kurzer Zeit Knappheit an guten Novillos eintreten wird, um den steigenden Bedarf der Gefrierhäuser zu befriedigen, um so mehr als der Export lebenden Viehes nach Italien ebenfalls in Aufnahme kommt.

Selbst wenn jedoch vorübergehend Mangel an Exportvieh eintreten sollte, so ist damit keineswegs gesagt, daß Argentinien bereits den Höhepunkt seiner Fleischproduktion erreicht hat, da mannigfache Möglichkeiten einer Steigerung vorhanden sind: Bisher werden alljährlich zahlreiche Kühe, zum Teil sogar auch sogenannte Vaquillonas, Färsen guter Kreuzungstiere, dem Schlachtmesser geopfert, welche zur Zucht sehr geeignet sind und nur aus dem Grunde ge=

schlachtet werden, weil deren Besitzer sie auf seinen Kämpen aus Mangel an Raum und Futter nicht weiterzüchten kann, und weil es eben zurzeit mehr einbringt, sie zu mästen und zu einem guten Preise zu verkaufen, als sie in ungemästetem Zustande zu einem geringeren Preise losschlagen zu müssen und sich dadurch womöglich noch selbst Konkurrenz für das übrige Vieh zu schaffen. Bei lohnenden Preisen würde selbstverständlich die Schlachtung von Kühen, die zur Zucht geeignet sind, von selbst aufhören. Die ständig fortschreitende Veredlung des Viehstandes stellt außerdem die Vermehrung der für den Export geeigneten Tiere in Aussicht. Ferner wurde bereits gesagt, daß durch geeignete Maßnahmen die Ausnutzung, selbst der besseren Kämpe stärker sein könnte als bisher. Endlich ist zu erwägen, daß außerhalb der bisher vorzugsweise für die Zwecke der Viehhaltung benutzten Zone sich noch sehr gute Kämpe befinden, welche bei größerer Nachfrage zur Bewirtschaftung gelangen werden, wodurch der Viehstand eine erhebliche Vermehrung erfahren wird.

Die Voraussetzung für das Eintreten der eben geschilderten Verhältnisse wäre natürlich, daß infolge des Mangels an Vieh die Preise eine dauernde nennenswerte Steigerung erfahren, wie sie gegenwärtig bereits, allerdings vermutlich nur vorübergehend als Saisonpreise und infolge der Trockenheit des Jahres 1910, eine ungewöhnliche Höhe aufweisen. Sofern sich die obigen Ausführungen durch die Praxis bestätigen, ist an einer bleibenden Erhöhung der argentinischen Viehpreise in Zukunft um so weniger zu zweifeln, als sich bereits in allen Kulturländern Europas Fleischknappheit geltend macht und auf die Ausfuhr von Vieh und Fleisch aus den Vereinigten Staaten von Nordamerika infolge des steigenden eigenen Verbrauches auf die Dauer nicht mehr zu rechnen ist.

Bei der Beurteilung der landwirtschaftlichen Produktionsverhältnisse Argentiniens ist ein starker Aufschwung innerhalb der letzten Jahre nicht zu verkennen, der sich auf dem Gebiete des Ackerbaues allerdings lediglich in der Erweiterung der bebauten Fläche, nicht aber in der Verbesserung der Kulturmethoden und der Erhöhung der Erträge zu erkennen gibt, während auf dem Gebiete der Viehzucht, sowohl hinsichtlich der Steigerung der Kopfzahl, wie auch der Veredlung des Viehstandes sichtbare und große Fortschritte gemacht worden sind, indem gleichzeitig der Ernährung und Haltung der Tiere durch verbesserte Anlagen Rechnung getragen wurde. Die fernere Entwicklung von Viehzucht und Ackerbau wird in allererster Linie davon abhängen, wie sich die Einwanderung und Kolonisationsfrage in nächster Zukunft gestalten wird, insbesondere, ob die Argentinier der dringend notwendigen Lösung des Agrarproblems, die in der Verkleinerung der Latifundien und der Schaffung eines wirklichen Bauernstandes ihre Verwirklichung finden müßte, das richtige Verständnis entgegenbringen werden, bevor Zeit und Gelegenheit gänzlich verpaßt sind.

Altenburg
Pierersche Hofbuchdruckerei
Stephan Geibel & Co.

Printed by Libri Plureos GmbH
in Hamburg, Germany